쓰잘데기 있는 사전

양민호
최민경
지음

==말은 지나간 시간을 품고 있다.== 그중에서도 사투리는 고향의 땅과 바다, 사람의 체온을 담고 있는 언어다. 단어 하나에 웃음이 들고, 말끝마다 정이 묻어난다. 『쓰잘데기 있는 사전』은 말끝마다 웃고 정드는, 101가지 부산 사투리에 관한 이야기다.

이 책은 TBN 부산교통방송 <달리는 라디오>의 목요일 고정 코너 '배아봅시데이'에서 2년간 소개한 부산 사투리의 방송 원고를 토대로 집필했다. 재미와 정보를 함께 담아야 하는 라디오 방송의 특성상, 매주 한 단어를 고르고 이야기하는 일은 간단하지 않았다. 그러나 이 과정을 통해 알게 된 사실이 있다. 사투리는 단순한 언어가 아니라 사람과 사람 사이의 거리, 말보다 먼저 가닿는 마음의 방식이라는 것을.

덧붙이자면 이 책에서 '부산 사투리'라 부르는 것은 특정 지역 사투리만을 가리키는 것이 아니다. 오늘날 부산에서 통용되거나, 부산 사람들의 말 속에서 살아 있는 표현을 중심으로 삼았다. 정확한 어원이나 경계가 모호한 단어도 있지만, '부산답다'고 느끼는 말, 그리고 그 안에 담긴 정서와 리듬을 담는 것으로 기준을 삼았다.

시인 안도현의 글을 통해서도 사투리의 따뜻함을 느낄 수 있다. 사투리는 흙냄새가 나고 고향의 일부를 느낄 수 있는 존재다. '괜찮으세요?'보다 '괘안심까?'라고 말하면 마음이 포근해진다. 사투리는 사람들의 심금을 울리는 동시에 온기를 전한다.

부산 말도 그렇다. '단디'에는 부산 사람 특유의 성실함과 꼼꼼함이 묻어 있고, '은다'라는 한마디에 정서적인 거절과 거리 두기의 뉘앙스를 담는다. '내나'에는 굳이 설명하지 않아도 서로 안다는 공감이 깃들어 있으며, '마!'라는 짧은 한마디엔 짜증과 다정함, 싸움과 웃음이 동시에 실려 있다. 이렇듯 사투리는 그 자체로 부산의 정서요, 부산의 풍경이다.

2022년에 집필한 『사투리, 부산의 마음을 전하다』에서도 말했듯, 부산 사투리는 긴말 대신 함축된 표현으로, 복잡한 감정을 단숨에 전한다. 항구와 시장, 골목과 사직구장에서 오고 간 이 말들은 짧지만 깊고, 거칠지만 따뜻하다. 부산이라는 도시가 품은 생동감과 굴곡, 그리고 사람 냄새는 이 사투리 속에 고스란히 담겨 있다.

집필자, 우리는 사실 부산 출신이 아니다. 하지만 부산에 터를 잡고 살며 점점 부산 말에 스며들었다. 단지 말의 재미 때문만은 아니었다. 사투리라는 언어에는 그 지역의 시간과 정서, 생존과 유머, 사람과 사람 사이의 온기가 담겨 있기 때문이다. 101번째 단어까지 실은 것도 그런 마음에서였다. 부산 말은 딱 떨어지는 깔끔함보다, '한 줌 더'의 정서가 어울린다. 그래서 주저 없이 한 단어를 더했다.

이 책은 단어를 정리한 사전이 아니다. 말의 체온을 기억하기 위한, 마음을 전하는 사투리 스케치북이다. 어쩌면 언젠가 잊힐지 모를 말 한마디가 누군가의 기억을 불러일으키길 바란다.

"아, 이 말… 우리 할매가 쓰던 말인데…."

그렇게 웃고, 울컥하고, 정드는 순간이 있다면, 그것이

이 책을 만든 이유다. 부산 말은, 쓰잘데기 있는 말이다. 그래서 이 책의 제목이 『쓰잘데기 있는 사전』이다.

2025년 여름

양민호 · 최민경

쓰잘데기 있는 사전_일러두기

1. 본 도서는 영화명, 방송명, 웹툰 제목, 노래 제목 등은 〈 〉, 도서명은 『 』로 표기하였습니다.

2. 본 도서는 사투리 특성상 비표준어가 포함되어 있으며, 일부 저자의 입말에 따라 표기, 띄어쓰기하였습니다.

3. 본 도서에서 소개하는 사투리는 한 단어로 보고 붙였습니다.

차례

prologue   2

한 글자 사투리

마   12
손   15
예   18
쫌   21

두 글자 사투리

강구   26
고마   29
고매   32
글마   35
꼽표   38
내나   41
낸내   44
누부, 행님   47
단디   51
단술   54
대다   57
땡초   60
막장   63
맞나   66
문디   69
박상   72
보골   75
살구   78
시근   81
아나   84
아재   87
애살   90
야시   93
어데   96
얼라   99
은다   102
정지   105
주디   108
주리   111
짜구   114
짝지   117
짭다   120
쪽자   123

찌짐	126		애비다	188
퍼뜩	129		양분식	191
하모	132		언치다	194
항거	135		오찻물	197
힐타	138		욕보다	200
홍감	141		이바구	203
			잠온다	206

세 글자 사투리

개우지	146		정구지	209
곡각지	149		짜치다	212
공구다	152		쪼대로	215
깨라다	155		초장집	218
끼리다	158		추접다	221
난닝구	161		털파리	224
납새미	164		파이다	227
널찌다	167		한바닥	230
봉다리	170		한코스	233
빼다지	173		해깝다	236
시락국	176		홍큐공	239
쌔리다	179		히마리	242
쌔비다	182			

네 글자 사투리

쓰까라	185		가다마이	246

걸거치다	249	우왁시럽다	311
까리하다	252	천지삐까리	314
디비쪼다	255	바보축구온달	317
맨날천날	258		
볼가먹다	261		
빨간고기	264		
상그럽다	267		
새그럽다	270		
세아리다	273		
속닥하다	276		
쌔빠지다	279		
쑥쑥하다	282		
알로보다	285		
어제아래	288		
우리하다	291		
짜달시리	294		
찹찹하다	297		
포장센터	300		
하고재비	303		

다섯 글자 이상 사투리

엉성시럽다	308

쓰잘데기 있는 사전

한 글자 사투리

짧지만 강렬하다!
한 글자로도 충분한 부산의 말맛.

**입에 턱 얹히는 단어 하나가 분위기를 바꾼다.
말보다 억양, 억양보다 기세다.**

■

단어 활용

"마, 니 지금 뭐 하는 기고?"

■

단어 정의

응원 구호, 강조 또는 친구를 부르는 말.
"마!" 한 글자에 담긴 부산의 힘과 리듬.

사직구장 특유의 응원 문화는 흥겹다. 응원 구호에 섞인 사투리는 얼핏 들으면 외국어 같기도 하다. 사직구장 앞에 가면 거대한 '마!' 조형물이 있는데, 이곳을 상징하는 사투리는 '마'가 아닐까 한다.

"마!"가 처음 사용된 것은 롯데 자이언츠의 성적이 부진하던 2002년이라고 알려져 있다. 당시 롯데 자이언츠의 응원단장이 상대편의 에이스급 투수가 등판했을 때 견제하기 위해 사용하기 시작했는데, 점차 다른 투수들의 견제구에도 사용되면서 정착했다. 응원가에 맞춰서 "마!"를 반복하여 상대 투수의 혼을 빼놓는 것이다. 한 신문보도에 따르면 함성의 심장부인 1루에서 "마!"를 집중해서 외칠 때의 소리는 107데시벨에 이르러 비행기 이착륙 소음과 맞먹는다고 한다.

사직구장에서 사용하는 "마!"는 뒤에 느낌표가 붙는 느낌이다. 이때는 짧고 굵게 한마디를 던지는 응원 구호기 때문에 뜻이 있다고 말하기 어렵다. 다만, 일상적으로 사용하는 '마'에서 파생되었다고 볼 수 있다. 친한 사이에서 상대방을 부를 때 사용하는 "마!"에서 나왔을 수 있다. 이때 동년배가 아랫사람에게 사용한다. "야!", "이놈아!", "인마!" 정도의 의미다. 또는 '하지 마'가 줄어든 것으로 활용하기도 한다.

  물론 '마'는 다른 의미도 가지고 있다. '그냥'이라는 뜻이다. '마' 뒤에 물결 부호가 붙는 느낌이다. 이때 문장의 제일 앞이나 중간, 또는 맨 마지막에 붙는다. "마~ 그대로 해 주이소", "그대로 마~ 해 주이소", "그대로 해 주이소 마~" 이런 식이다.

  '마'는 한 글자지만, 이 속에 많은 의미가 있고, 짧기 때문에 사람들의 시선을 끈다. 시각적인 효과를 지닌 사투리라고 할 수 있다. '마'는 주의를 환기하고 기합을 넣어 무언가를 '잘해 보자'라는 부산 사람들의 의지를 표현하는 힘이 있는 것 같다. 이러한 '마'의 힘을 빌려 사직구장에서 좋은 소식이 쭉 들려오기를 바란다.

단어 활용
"이놈의 손, 또 사고 쳤나!"

단어 정의
'손'은 자식이자 귀신이자 애정이다.
츤데레 같은 꾸지람 속에 사랑이 밴
부산 어른들의 말버릇.

"이놈의 손아!"라는 말을 어디서 한 번쯤은 들어 봤을 거다. 자매품으로 '망할 놈의 손'도 있다. '손'이라는 사투리는 '이놈'과 자주 쓰인다. 부산 사투리 '손'은 '자식', '새끼'를 의미한다.

자칫하면 낮잡는 것으로 들리는 '자식', '새끼' 대신 '손'을 써서 "이놈의 손"이나 "망할 놈의 손"이라고 할 때는 그 밑바탕에 애정이 깔려 있다는 특징이 있다. 어릴 때 누구에게 이 말을 들었는지를 생각해 보면 부모님, 할머니, 할아버지, 선생님, 친한 동네 어르신 등인 것이 그것을 방증한다.

부산 사투리 '손'은 사용되는 상황이나 맥락에서 알 수 있듯이 당연하지만 팔에 달린 '손', Hand는 아니다. '손'의 유래에 대해서는 두 가지 설이 있다. 하나는 '자손', '후손', '손자' 할 때의 '손(孫)'이라는 거다. 여러 대에 걸친 자식을 뜻한다. 여기에서 '이놈의 자식'이 '이놈의 손'이 되었다는 설명이다.

'손'의 다른 유래도 있다. 이사할 때 '손 없는 날'이라는 말이 있는데, 이때의 '손'에서 비롯되었다는 것이다. '손 없는 날'에서의 '손'은 '귀신'이다. 사람을 방해하고 힘들게 하는 귀신을 뜻한다. 어른이 가까운 사이의 아이, 손아랫사람이 말을 안 듣거나 속을 썩일 때 쓴다. 속 썩이며 힘들게 하는 아이 또는 자식을 이 귀신에 빗대어 '이놈의 손'이라고 한다는 설명이다. 어느 쪽 설명이 더 일리가 있는가?

부산 사투리의 특징 중 하나가 반어적인 표현법이다. 얼핏 들으면 좋은 말이라고 할 수 없는 거친 표현으로 애정을 표현하는 것이다. 반어법이 꼭 부산 사투리에만 있는 것은 아니고 '우리 강아지', '우리 새끼'처럼도 쓰이는데, 부산 사투리에 유난히 반어적인 말이 많아 요즘 말로 하면 '츤데레(つんでれ, 겉으로는 무뚝뚝하지만 속정이 깊은 사람) 사투리'라고 할 수 있다.

단어 정의

"예?! 여기 돼지국밥 두 그릇 주이소."
"예?? 진짜 그런 일이 있단 말입니꺼?"
"맞지예, 내가 해 봤으예."

단어 정의

"예"는 부름도 되물음도, 정겨운 종결어미도 된다.
억양에 따라 표정이 달라지는 부산의 다기능어.

쓰잘데기 있는 사전

관광객들이 부산을 처음 방문하면 부산자갈치시장으로 향한다. 부산다움을 느끼게 만드는 요소에 자갈치의 비린내도 있겠지만, 곳곳에서 들리는 부산 현지인들의 사투리가 큰 부분을 차지하는 것 같다. 부산에 있는 재래시장이나 동네 식당에 들어가 보면 여기저기서 사람들의 "예?!", "예??", "-예" 등의 말을 들을 수 있다. 하나의 단어가 어감과 성조에 따라 각양각색으로 들린다.

일반적으로 사용하는 '예'의 사전적 의미는 '어른들의 부름이나 물음에 긍정적으로 대답할 때 쓰는 말'이거나 '어른의 말을 되물을 때 쓰는 말'로 설명할 수 있다. 부산에서도 사전적인 의미로 많이 사용한다. 그러나 이 외에도 경상도에서 주로 쓰이는 의미가 있다.

첫 번째 '예?!'의 활용은 다음과 같다. "예?! 여기 돼지국밥 두 그릇 주이소"이다. 사람을 부를 때 사용하는 '저기요'와 같은 의미다. 효율성과 함축성을 중시하는 부산 사투리의 특성이 여실히 드러난 표현이다.

두 번째 '예??'의 활용은 다음과 같다. "예?? 진짜 그렇습니꺼?"라는 문장을 드라마 <응답하라 1988>에서 들어봤을 것이다. 성조가 저음에서 끌어올리는 형식으로 발음하며 이는 놀라움과 재확인의 의미로 쓰인다.

마지막 '-예'의 활용은 다음과 같다. "맞지예, 해 봤으예" 처럼 높임표현 종결어미다. 이러한 사투리도 친구한테 쓰는 표현과 웃어른들에게 쓰는 표현이 다름을 확인할 수 있다. 부산 사투리를 처음 들었을 때 드세다고 생각했는데, '-예'라는 종결 어미는 정겹고 귀엽게 느껴졌다.

다양한 의미와 표현 방식으로 사용되는 '예'의 의미를 구별해 보는 것도 부산 사투리의 숨겨진 풍부함을 느낄 수 있는 하나의 방법이다.

쫌

단어 활용

"아~ 쫌! 비키라카이."

단어 정의

"쫌!" 하고 터지는 한마디에 짜증, 부탁, 귀여움까지 담긴다.
짧지만 감정 농도가 짙은, 부산다운 말맛.

'쫌'은 '조금'의 축약형인 '좀'이 된소리화된 형태의 사투리다. '조금'은 '정도나 분량이 적은 모양' 또는 '시간이 짧음'을 나타내는 말이다. 다만, 이 '조금'이 축약되어서 '좀'으로 쓰일 때는 남에게 부탁하거나 동의를 구할 때 표현을 부드럽게 하기 위해서 사용한다. "이것 좀 잠깐 들어줄래요?"라든지 "엄마 용돈 좀 주세요"라는 식이다. 여기의 '좀'은 정도, 분량, 시간과는 크게 상관없다. 또한 '좀'이 세게 발음된 '쫌'은 다른 의미를 지닌다.

  '쫌'도 '좀'처럼 "이 쫌 해 주이소"라는 식으로도 사용한다. 하지만 부산다운 '쫌'은 따로 있다. 이땐 아무래도 억양이 중요하다. "아~ 쫌!" 이렇게 뒤에 느낌표가 쾅 붙어야 한다. 예를 들어, 소파에 앉아서 TV를 보고 있는데 형제 중 누군가 와서 앞을 가로막는다, 그럴 때 "쫌!"이라고 외치는 것이다. 이때의 "쫌!"은 "짜증 나", "하지 마", "비켜", "까불래" 등등 여러 가지 의미를 포함한다.

  '쫌'은 무궁무진한 사투리다. 음식점에서 한시도 가만히 앉아 있지 않고 움직이는 아이를 보고 "쫌!"이라고 하면 "가만히 못 있니? 가만히 있어!" 이런 의미가 된다. 한편 어머니가 마구마구 잔소리할 때도 "쫌!"이라고 한다. 이럴 때는 "쪼오옴!"이 더 맞을 거 같다. 이 경우 "쫌!"은 "제발 그만"의 뜻이 될 것 같다. "쫌!"은 언제 어디서 어떻게 쓰이냐에 따라 어떤 뜻이 될지 모르는 사투리라고도 할 수 있다.

부산 사투리는 짧은 말에 다양한 뜻을 담고 있는 경우가 많다. 그래서 투박하게 들린다고도 하고, 부산 사투리의 억양이 함축성을 보완하여 정확한 뜻을 전달하는 데 도움이 된다. '쫌'의 이러한 특징은 부산 사투리 전반이 지닌 특징이기도 하다.

쓰잘데기 있는 사전

두 글자 사투리

말맛도 두 배! 일상에 녹아든
부산의 두 글자 사투리.

정겹고 익살맞은 두 글자 말에는
골목의 소리와 바닷바람이 스며든다.

강구

단어 활용

"강구 나왔다! 싹 다 잡아라!"

단어 정의

백악기부터 살아남은 생존왕 바퀴벌레,
그 부산식 표현. 갯강구와 함께 기억되는
바다 결의 생명력.

한때 해외에서 유입된 빈대 피해와 관련한 뉴스를 자주 접했다. 빈대는 인류가 동굴에 살았을 때부터 함께한 벌레라고 한다. 그런데 이 빈대를 능가하며 백악기에 탄생해 빙하기도 버텨 내는 끈질긴 생명력으로 우리 곁을 지키고 있는 벌레가 바로 '강구'다. 바퀴벌레의 부산 사투리가 '강구'인 것이다.

우선 바퀴벌레의 어원에 대해서 말하고자 한다. 가장 일반적으로 알려진 내용이 바퀴처럼 빠르게 움직여서 바퀴벌레라고 부른다는 설명이다. 하지만 바퀴벌레의 '바퀴'는 '박회'라는 옛말에서 유래한 것이다. '박회'는 17세기 정도의 문헌에서 등장한다. '외'가 '위'로 바뀌고 'ㄱ'과 'ㅎ'이 축약하여 현재의 '바퀴'가 된 것으로 추정한다.

그런데 조선시대에 '박회'라고 불린 바퀴벌레를 다른 말로 '강괴'라고 했다고 한다. 조선 헌종 때 출간된 이규경의 『오주연문장전산고(五洲衍文長箋散稿)』라는 책이 있다. 오늘날의 백과사전과 같은 책으로 총 60권에 걸쳐 147개 항목에 대해 설명하고 있다. 광물, 초목 등과 함께 어충, 다시 말하면 물고기와 벌레에 대한 내용도 포함된다. 여기에서 바퀴벌레를 뜻하는 한자어 '비렴(蜚蠊)'을 이렇게 설명한다. 속명은 '유충', 즉 기름 벌레이고 조선에서는 '박회'라고 부르고 '강괴'라고도 했다고 한다. 그리고 부산 사투리 '강구'는 이 '강괴'에서 유래했을 것으로 추측한다. 발음이 쉬워지는 형태로 바뀐 것이다.

'강구' 하면 세트로 생각나는 말이 '갯강구'다. 바닷가를 걷다 보면 갯바위 근처에서 떼를 지어 우글거리며 돌아다니고 더듬이 비슷한 것도 쭉 뻗어 있다. 한눈에 봐도 '강구'와 닮아서 바다에 사는 '강구', '갯강구' 하면 고개가 끄덕여진다.

재밌는 사실은 '강구'는 사투리지만 '갯강구'는 사투리가 아니라는 점이다. '갯강구'는 국립국어원 표준국어대사전에 등재돼 있는 표준어다. '갯벌', '갯바람'처럼 '바다'를 뜻하는 '갯'과 '바퀴벌레'를 뜻하는 사투리인 '강구'가 합쳐져서 표준어가 된 흥미로운 사례다.

단어 활용

"고마 됐다, 이제 집에 가자."

단어 정의

더 이상의 말이 필요 없을 때
부산 사람의 깔끔한 마무리.

두 글자 사투리   고마

표준국어대사전에서 '고마'의 표준어 '고만'을 찾아보면 7개의 뜻이 나온다. 우선 기본 어휘 부사로써 "이제 고만 먹어라"처럼 '고 정도까지만'을 의미하는 말이다. 다음으로 "놀지만 말고 고만 공부 좀 해라"의 '고 정도에서 그치고'라고 설명한다. "변명할 시간도 주지 않고 고만 가 버렸다"처럼 '고대로 곧'의 의미도 있다. 또 "고만 도망하고 말았다"와 같은 예문에서는 '달리 어찌할 도리가 없어서'의 뜻으로 사용한다. 그리고 '자신도 모르는 사이에'라는 뜻으로는 "초라해진 너의 모습에 나는 고만 눈물을 흘리고 말았다"처럼 사용한다.

여기까지는 부사 어휘로 쓰이는 '고마'고, 다음은 서술격 조사의 '-이다'와 함께 활용하는 두 가지 경우다. '그것으로 끝임'을 나타내는 말로, "저 아이는 자기가 잘못했는데 천만 원만 배상해 주면 고만이라고 말했다"처럼 활용할 수 있다. 또는 '더할 나위 없이 좋음', '최고로 좋음'을 나타내는 말로, "아내의 음식 솜씨가 고만이다"라는 식으로 쓸 수 있다.

'고마'의 표준어 형태인 '고만'은 현대 국어 '그만'과 궤를 같이한다고 볼 수 있다. '고만'의 원형은 18세기 문헌에서부터 '그만'으로 나타나 현재까지 그대로 이어진다. '그만'

은 지시 대명사 '그'에 '만큼'의 의미를 가진 '만'이 결합한 형태로 볼 수 있다. 따라서 기본적인 '고 정도까지만'의 뜻과 가장 닿아 있다고 볼 수 있다.

'고마'는 지역별로 '그만', '거만'으로 사용하지만 주로 '곧', '바로', '곧바로', '이내'와 같은 뜻으로 사용한다. 또 '고마'의 반대말로는 '계속', '쭉'이라는 표현이 있다. 특히 이쪽 부산, 울산, 경남에서는 '고마' 뒤에 여러 센 어휘가 붙는다. "고마 쎄리 마", "고마 치아라" 등과 같이 매우 강력한 말이 오기도 한다.

부산의 식당 중 대구탕 가게, 만둣집, 집밥 식당, 초밥집 등에서 '고마'를 상호의 음식명 앞에 사용하기도 하는데, 사투리 '고마해라'에서 따온 것으로 볼 수 있다. 이 이상 맛을 낼 수 없을 정도로 노력했다는 뜻으로 추측할 수 있다. 이처럼 '고마'는 일상의 여러 장면에서 목격할 수 있다.

고매

단어 활용

"고매 쪘다. 와서 좀 먹고 가라."

단어 정의

'고매' 한마디에 따스한 정이 배어 나는
부산 골목의 간식 풍경.

요즘 마트에 가면 '고메(Gourmet)'라는 말이 자주 보인다. 치킨, 돈가스, 탕수육에 '고메'가 붙어 있는 것을 볼 수 있다. 이때 사용하는 '고메'는 프랑스어다. 미식가, 식도락가, 요즘 말로는 '맛잘알(맛을 잘 아는 사람)'을 의미한다. 프랑스어와 발음이 같은 부산 사투리, '고매'는 다른 뜻을 가진다. '고매'는 고구마를 뜻한다. 김치랑 곁들여 먹으면 식사를 대신할 만큼 든든하고, 다이어트할 때도 훌륭하다. '물고매'부터 '밤고매', '호박고매'까지 다양하다.

'고매'는 원래 한반도에 자생하던 작물이 아니라 바다를 건너 따뜻한 곳에서 새롭게 들어온 도래 작물이다. 구황 작물이 대부분 그렇다. '고매', 고구마 종자를 들여온 것은 조선통신사 '조엄(趙曮)'이다. 조엄이 보니 대마도에서는 '고매', 고구마를 기근에 매우 도움이 되는 효행 깊은 작물이라는 뜻으로 '효행우(孝行芋)'라고 부르고 있었다.

'효행우'를 일본어로 발음하면 '고코이모(こうこういも)'인데, 이 '고코이모'를 '고구마'의 이름으로 기록하고 들여왔다. '고코이모'가 '고구마'가 되었고, '고구미', '고구메' 이런 식으로 발음이 바뀌어서 최종적으로는 부산 사투리에서 '고매'가 되었다. 이렇게 가져온 '고매'를 처음 재배한 곳이 바로 영도 조내기 마을이다. 조내기 마을은 현재 청학2동

의 영도구청 서쪽 구릉지 부근에 있었는데, 현재는 흔적을 찾을 수 없고, 길 이름으로만 남아 있다.

  재밌는 것은 부산에서 '고매'라고 하는 '고구마'는 전국적으로 사투리가 다양하게 있다. 바로 '감저(甘藷)'다. '감'은 달다는 뜻이고 '저'는 참마를 뜻해서 단맛이 나는 참마라는 의미다. 제주도에서는 '감저'를 사용하고, 전라남도에서는 '감제', 충청남도에서는 '무수감자'라고 한다. 얼핏 들으면 감자랑 착각할 것 같지만, 이토록 다양한 단어가 고구마를 일컫는다.

글마

단어 활용

"글마 또 왔다 카더라."

단어 정의

제3자를 가리키는 부산 사람 특유의 거리감 표현.

두 글자 사투리   글마

경상도 사투리인 '글마'는 표준어의 '그 녀석'과 비슷하다. 다시 말해 '글마'는 '그 아이', '그자', '그 사람', '그 남자'로 해석한다. 주로 타인을 지칭하는 대명사로 사용하면서 '글마'는 '금마'나 '근마'로 발음하기도 한다. '글'의 발음이 조금 짧게 발음되는 경향이 있기 때문으로 볼 수 있다.

'글마'의 어원은 고려시대부터 사용해 왔던 '그 사람'의 표현이 고착되었다는 이야기도 있지만, 신빙성은 없는 것 같다. 가장 믿을 만한 유래로는 지칭 대명사 '그'와 '놈'이 결합하고, 이것이 변형된 것이라는 추측이다.

'글마'와 유사하면서 자주 호응하는 말 중에는 '임마'와 '점마'가 있다. '임마'는 '이 녀석'의 의미이며, '점마' 역시 '저 사람', '저 녀석'의 의미로 사용되어 다른 사람을 지칭하는 대명사로 쓰인다. 특히 '임마'의 경우, 친구처럼 친숙한 사이에서 사용하는 것은 유사하지만 '글마'와는 다른 뉘앙스를 지닌다. 약간의 꾸짖는 듯한 느낌이 추가되면서 그러한 목적으로 주로 사용한다.

경상도 사투리를 사용하는 영화나 드라마 등이 방영되면서 '글마'의 의미에 대해서 아는 사람도 늘어나고 있다. 대표적으로 부산을 배경으로 한 영화 <친구>와 <변호인>을 들 수 있다. <친구>에서 "글마가 내 친구 아이가!" 하는 대사는 특정 인물이 자신과 친구 관계임을 강조하는 뉘앙스로 쓰인다. <변호인>에서 "글마 그, 나이트 삐끼들맨치로 찌라시 명함 돌리고 다닌단다", "글마 대학은 어디 나왔는데?"가 있다.

부산 사투리는 그 특유의 억양과 어휘로 사람들에게 친근감을 선사한다. '글마'는 대명사 이상의 의미를 지니며, 사람 간의 관계를 나타내고 지역적 유대감을 강화하는 역할을 한다. 이처럼 사투리는 그 지역을 가장 잘 나타내는 아이덴티티다.

꼽표

■

단어 활용

"그건 꼽표 치고 다시 해라."

■

단어 정의

시험지에도, 인생에도 '꼽표' 한 번쯤은 있어야
제대로 배운다. 연산 부호인 '곱표'의 부산 사투리.

쓰잘데기 있는 사전

우리가 사투리라고 생각하기 쉬운 '곱표'의 된소리화한 표현, '꼽표'를 '꽃표'라고 듣는 사람이 많다. 서울 대치동 학원가의 일타 강사가 "여기에 꼽표 해라"라고 말했을 때 수강생들이 의아해하며 꽃 모양을 그렸다는 우스갯소리도 있다. '곱표'는 사투리가 아닌 표준어다. 외에도 '가새표', '가위표'가 있는데, 역시 표준어다.

'꼽표'는 곱셈을 나타내는 기호인 ×, '곱표'를 부르는 말로, 원래는 '곱셈 기호', '곱셈 부호'다. 그러니까 '꼽표'는 곱하기 부호의 약자인 것이다. '곱셈표', '곱하기표'라고도 한다. 앞서 설명한 '곱하기표(×)' 외에 연산 부호는 '나누기표(÷)', '더하기표(+)', '빼기표(-)' 등이 있는데, 다른 연산 부호는 '꼽표' 같은 사투리가 거의 존재하지 않는다.

'꼽표'를 '엑스표'라고도 하는데, 알파벳 '엑스(X)'에서 따왔다. 다만, 이는 틀린 표현이다. '엑스(X)'라는 곱셈 기호 '곱표'는 영국의 수학자 윌리엄 오트레드(William Oughtred)가 1631년에 출간한 『수학의 열쇠』에 처음 등장했고, 교회의 십자가에서 힌트를 얻어 사용했다고 한다.

'가새표'는 주로 틀린 것을 나타내는 '곱표'의 대체어다. 거부하거나, 금지할 때, 그리고 부정할 때 사용하는 표현이다. 공공연히 쓰기 어려운 비속어를 나타낼 때 쓰거나,

비밀을 유지하거나 밝힐 수 없는 사항을 나타낼 때 'XX' 처럼 더블 엑스로 표시하기도 한다. 이것의 반의어로는 '동그라미표(O)', '공표(空標)', '영표(零標)'가 있다.

'X'를 보고 '가위표'라고도 하는데, 이때의 '가위표'는 '꼽표'와 그 의미, 쓰임이 다르다. "틀린 부분에 가위표를 치고, 아래쪽에 정답을 적어 넣었다"처럼 틀린 것을 표시할 때나 반대의 의미를 나타낼 때만 사용한다. 또 앞서 설명했듯이 비속어를 나타낼 때 쓰는 문장 부호 중 하나다. 반면에 '꼽표'는 곱하기 부호인 '곱셈표'로 사용하기도 하고, 틀린 것을 표시할 때도 사용한다. "이 퀴즈의 정답엔 동그라미표를, 오답엔 꼽표를 해 주세요"처럼 쓰인다.

내나

단어 활용
"내나 시장에 그 집에서 사온나."

단어 정의
말하는 이와 듣는 이가 모두 알고 있는 사람이나
상황을 가리킬 때 쓰는 부산 사투리.
공감과 확신이 담긴 표현.

두 글자 사투리   내나

'내나'는 정말 설명하기 어렵다. "내나를 내나라고 말했는데 내나가 뭐냐고 물으시면 내나가 내나지라고 답할 수밖에 없습니다"라고 부산 사람은 이야기한다. 부산 출신에게 '내나'는 사투리라는 인식조차 가질 수 없는 단어다.

표준국어대사전에서 '내나'를 '결국에 가서는'이라고 설명하면서, "그렇게도 강하게 반대하더니 그도 내나 동의하고 말았다"의 예를 든다. 그렇지만 부산 사람은 이런 의미 말고도 다양하게 사용한다. '내나'를 잘 쓰면 부산 토박이처럼 보인다.

쓰임은 크게 3가지로 나뉜다. 먼저 무언가 생각이 나지 않을 때 사용하는 '내나'다. 이것은 "저 거시기 화장실이 어디죠?"처럼 전라도에서 사용하는 '거시기'와 비슷하다. 의미 없이 할 말을 생각할 때나 말을 부드럽게 시작할 때, 또는 중간에 삽입하는 말로 쓴다. 재밌는 것은 전라도에서도 '내나'를 쓰지만, 사용법이 조금 다르다. 이때는 '그러나 저러나'의 의미다.

두 번째는 말하는 사람과 듣는 사람이 공통적으로 알고 있는 사물이나 사람에 대한 정보를 축약해서 이야기할 때 사용한다. 이때의 '내나'를 가장 많이 사용하며, 부산 사투리의 특징인 함축적 의미 전달이 반영되었다. 듣는 사람이 정보를 아는지 모르는지 알 수 없지만, 말하는 사람은 듣는 사람이 알고 있다고 확신하며 사용하는 말이다. 예를 들어 "와 내나 그 아 있다 아이가"를 표준어로 설명하면 "왜 너도 알고 나도 아는 그 아이 있잖니"가 된다.

마지막으로 부사어로서 '어차피 결국에는'의 의미다. "뱃속에 드갈 꺼 내나 똑같은 거 아이가"라는 말을 설명하면 "뱃속에 들어갈 것인데 어차피 똑같은 거 아니야"라고 할 수 있다.

부산 사투리뿐만 아니라 전국적으로 사투리가 소멸할 위기에 처했다. 하지만 부산에서 '내나'라는 사투리, 전라도의 '거시기'라는 사투리는 절대 없어지지 않을 것 같다.

낸내

단어 활용

"맘마 먹고 이제 낸내 하자."

단어 정의

아기를 재울 때 쓰는 부산 유아어.
일본어 '넨네'에서 유래해 '낸내', '코코낸내' 등으로
쓰이는 다정한 돌봄의 말.

부산의 아기들이 태어나 자라는 동안 '엄마', '아빠' 다음으로 빨리 익히는 말이 바로 이 '낸내'일 것 같다. 유아어의 특징 중 하나가 발음하기 쉬운 소리로 구성되어 있다는 것이다. '낸내'도 발음이 어렵지 않아서 부산 아기들의 '사투리 유아어'라고 할 수 있다.

'낸내'는 표준어로 하면 '잠', '자다'가 된다. 아기에게 잠을 자자고 권유할 때 사용한다. "○○야, 낸내 하자", "벌써 9시네. 이제 낸내 하러 가자", "맘마 먹고 얼른 낸내 해야지 키 큰다". 유아 외의 대상에게는 사용하지 않는다.

'낸내'는 일본어에서 유래한 사투리다. 일본어로 '자다', '잠들다'를 뜻하는 동사가 '네루(ねる)'인데, 이 말이 유아어로 변화하면 '네'를 반복하는 '네네'가 되고, 다시 발음이 쉬워지는 형태로 '넨네'가 된다. 일본에서는 '넨네(ねんね)'라는 말이 들어간 전통적인 자장가도 있다. 이 자장가는 에도시대부터 존재했다고 한다. 이처럼 지리적으로 가까워서 과거부터 사회 문화적 교류가 많다 보니 부산 사투리에 일본어가 많이 남아 있다.

'낸내'는 '코코낸내', '코낸내' 또는 '낸내코코'의 형태로도 많이 쓰인다. "코코낸내 하자", "○○ 착하다, 이제 코낸내 해야지" 이런 식이다. '코코낸내', '코낸내'는 표준어인 '코하다'와 '낸내'가 합쳐진 말이다. '코하다'는 표준어인 유아어로 '자다'를 뜻하는데, 여기서 '코'가 따로 떨어져 나온 후 '낸내'가 붙었다. '코코낸내' 같은 경우, '코'가 한 번 더 반복된 형태다.

    부산에서는 아기를 재울 때, 토닥거리면서 읊조리는 구호로도 '낸내'를 쓴다. "자장, 자장" 대신에 "낸내, 낸내" 하는 것이다. 일종의 자장가처럼 사용한다. 자장가는 대부분 구어로 전승이 되는 만큼 지역별 특징이 뚜렷하다. 향토적인 느낌이나 사투리가 잘 남아 있어 그 흔적을 찾는 데 아주 좋은 재료다.

12

누부, 행님

단어 활용

"누부, 오늘 장 잘 봤나?"
"행님아, 잘 부탁드립니다."

단어 정의

서열과 정이 공존하는, 촌수보다 가까운 부산의 호칭 문화.

두 글자 사투리   누부, 행님

'누부', '행님'과 같은 사투리는 부산 사람에게는 피부와 같다. 다시 말해 사투리라는 의식이 전혀 없는 느낌이다.

'누부'의 사전적 의미는 '누나의 방언형'이라고 나온다. 표준국어대사전에서 '누나'를 '같은 부모에게서 태어난 사이거나 일가친척 가운데 항렬이 같은 사이에서, 남자가 손위 여자를 이르거나 부르는 말'이라고 설명한다. '행님'은 '형님의 방언형'이며, '형'은 형제자매나 같은 항렬의 사람 중에서 나이가 많은 사람을 지칭하거나 부르는 말이다. '누부'나 '행님'은 누나와 형이라고 칭하는 것보다 친근함을 곁들인 호칭이다.

'누부'는 '누이'에서 유래했다. 원래 '누이'라는 말은 남자 쪽에서 볼 때 항렬(行列)이 같은 여자이면 손위거나 손아래를 가리지 않고 두루두루 넓게 부를 때 사용했다. 굳이 구분 지어 부를 때에는 '윗누이', '누이동생' 이런 식으로 불렀는데, 점점 누이는 '윗누이'를 부르는 경우에만 사용했다. 옛 문헌을 찾아보면 누이를 '누ᄫ우', '누위', '누의', '누야' 등으로 불렀고, '누부야'는 순경음(ᄫ)의 발음이 남았다고 이해하면 된다.

'누부'는 전국적으로 다르게 부른다. 함경도에서는 '누애' 강원도에서는 '누우' 또는 '눙우', 그리고 충북에서는

'누야야'라고 부른다. 이러한 관점에서 생각하면 누님의 어원은 '누우'라는 말에 '-님'이 붙어서 '누님'이 되었다고 볼 수 있다.

'행님'의 어원은 '형'에 '-님'이 붙어서 '형님'이 되었고, 그것이 '행님'으로 변한 것이다. 이러한 발음 변화는 부산, 울산, 경남의 대표적인 사투리 형식이다. 예를 들어 표준어에서 'ㅕ'와 같은 이중모음이 부산에서는 'ㅐ'와 같은 단모음으로 바뀌어서 '형님'이 '행님'이 된 것이다. 이와 유사한 사례는 많다. '경제'가 '갱제'가 되고, '현실'이 '핸실'이 되는 것처럼 '형님'이 '행님'이 되었다. 최근에는 '행님아'를 '햄아'처럼 더 줄여 쓰기도 한다.

'누부'와 '행님' 발음이 표준어와 다르다고 이것만 부산 사투리라고 생각하면 큰 착각이다. 친족 호칭에는 기본적으로 누군가를 부를 때 사용하는 호격 '-아'나 '-야'가 붙을 수 있다. "누나야 이리 좀 와 봐", "형아, 이것 좀 해 줘", "오빠야, 그만 좀 먹어라", "언니야, 오늘 옷 좀 빌려 줘"처럼 전혀 이상하지 않다. 그러나 부산에서는 호격이 붙은 상태로 자주 말한다.

"누부야가 와 도", "행님아가 이거 좀 해 도", "오빠야는 그만 좀 무라", "언니야가 옷 좀 빌리 도"처럼 호격으로만 사용하지 않고, 뒤에 다른 말을 붙여서 한 덩어리처럼 이야기한다. 무의식중에 부산, 울산, 경남에서는 이렇게 호칭에 '-야'나 '-아'가 붙은 상태로 대화한다. 실제로 부르는 것도 아닌데 붙여 쓰는 '-야'나 '-아', 이 사용법은 외지인의 시선으로 봤을 때 특징적이다. 이러한 표현은 부산 사투리가 가지는 친근감의 표현이고 매우 따뜻하고 예쁜 호칭이라고 생각한다.

단디

단어 활용

"단디 챙기래이, 놓고 가면 안 된다!"

단어 정의

철저함을 강조할 때 빛나는, 부산의 책임감 강한 표현.

'단디'는 외지인도 어감에서 어느 정도 의미를 유추할 수 있는 말이다. 방송에서 자주 쓰이는 사투리기도 하다.

 '단디'는 부사 '단단히'에서 온 말이다. 부산 사투리의 주요 특성 중 하나인 축약, 그리고 발음이 간단해지는 현상이 여기에서도 나타난다. '단단히'에서 '단'이 하나 빠지고 'ㅎ'의 소리가 사라지는 묵음 현상이 일어나서 '단디'가 되었다. '단디'랑 비슷한 말로 '똑디'가 있다. '똑디'도 '똑똑히'에 '똑'이 하나 빠지고, 발음이 쉬워진 형태의 사투리다.

 '단디'의 뜻은 크게 세 가지다. 먼저, '틀림없이', '제대로'라는 의미로 쓸 수 있다. "단디 공부해라" 하는 식이다. 다음으로 '야무지게', '꼼꼼히'라는 뜻이다. "바람이 불어서 점퍼를 단디 잠궈야겠다"라고 쓸 수 있다. 마지막으로 '사고 없이', '잘'이라는 뜻이다. "길을 건널 때 단디 살펴서 가야 한다"라는 식으로 사용한다. 모두 긍정적인 뉘앙스를 가졌다는 공통점이 있다. 반대말이 '건성으로', '대충', '적당히'라는 것을 고려하면 '단디'는 긍정의 사투리라고 할 수 있다.

 이렇게 긍정적인 의미 덕분에 사투리 상품에도 많이 활용한다. 사투리 상품은 눈에 보이는 것도 있고 눈에 보이지 않는 것도 있는데, 어느 쪽이든 경제적 재화로서의 가

치를 지닌다. '단디'는 상품명이나 캠페인, 홍보 문구 등에 자주 사용된다.

그 사례로 지역 은행에서 발행한 단디 카드라는 것이 있다. 또한 부산도시철도에서 음주 운전 근절 캠페인으로 "도시철도 타고 단디 드가래이"라는 말을 쓴다. 그리고 국립부경대학교 안에 단디센터라는 곳이 있다. 학교 내 시설물 고장을 접수하고 대응하는 곳인데, '단디'의 의미를 아주 잘 살리고 있다.

'단디'는 다른 말로 대체해서 말할 수 있다. 하지만 어떤 말로 대체한다 해도 '단디'만이 지니는 뉘앙스를 살리기 힘들 것 같다.

14

단술

단어 활용

"할매가 해 준 단술 한 사발 마시고 힘냈다."

단어 정의

어릴 적 기억 속 단맛처럼 남는 전통의 말맛.

쓰잘데기 있는 사전

외지인이 들어도 무엇을 말하는지 대충 짐작할 수 있는 사투리다. 우리의 전통 음료인 '식혜(食醯)'다.

'단술'은 한자 '감주(甘酒)'를 풀어서 나타낸 말이다. '달 감(甘)' 자에 '술 주(酒)' 자가 붙어서 '감주', 그것을 풀어서 이야기할 때는 '단술'이라고 한다. 그런데 유독 부산, 울산, 경남에서 '감주' 대신 '단술'이라고 부른다.

'식혜'는 쌀밥에 엿기름을 우린 물을 천천히 삭힌 뒤에 단맛이 나게 한 음료인데, 주로 차갑게 해서 마시는 우리나라 전통 음료다. 그런데 '식혜'와 '단술'을 구분하는 경우도 있다. 기본적으로 밥알을 띄워서 먹는 '식혜'와 달리 밥알을 걸러 내고 액체만 마시면 '단술'이라고 하는 경우가 있다. 그리고 '감주'는 누룩을 사용하여 제조하는 곳도 있어, 도수 낮은 달짝지근한 술을 의미하기도 한다. 쉽게 말해서 밥알이 동동 띄워져 있는지, 밥알 없이 목 넘김이 좋은 음료인지에 따라 구분하기도 한다.

할머니, 할아버지들은 아직도 '단술'이라고 많이 이야기하신다. 그 아래의 세대는 '단술'이라는 말을 알고 있지만, 본인이 직접 이야기할 때는 '식혜'를 사용한다. 사투리의 소멸 속도를 보았을 때 다음 세대에게 '단술' 대신 '식혜'라는 말이 전해져서 점점 사투리를 사용하는 사람들이 줄어들 것 같다. 시중에 판매되는 '단술' 제품이 많은데 상품명이 전부 '비락식혜', '잔치집 식혜', '양반 식혜'처럼 '식혜'라고 표현한다.

사투리를 보존한다는 측면에서 전략을 세워 '단술'이라는 이름의 독특한 디자인의 음료를 만들거나 특정 브랜드에서 단술 관련 상품을 만들어 사람들에게 널리 알리고 홍보해 봐도 좋겠다는 바람이 생긴다. TV 프로그램에도 종종 나오는 식혜의 인기는 높다. 세계적으로 K-후식이 인기인 요즘, 살얼음 동동 띄워진 '단술' 한잔하면 좋겠다.

대다

단어 활용

"아, 오늘 진짜 대다."

단어 정의

몸도 마음도 버거울 때 툭 튀어나오는 말.
부산 사람의 진짜 속내가 담긴 표현, '대다'.

고단한 날을 보내면 "아이고 대다"라는 말이 절로 나온다. '대다'를 표준어로 하면 '피곤하다', '힘들다'라는 뜻이다. 몸에 물리적으로 부담이 가서 피곤하고 힘들 때 사용하는 사투리다. 어르신들이 주로 쓰는 사투리기도 하다.

'대다'는 표준어 '되다'에서 유래한 사투리다. '되다'는 동사로도 쓰이고 형용사로도 쓰이는 말이다. 동사로는 예를 들어, "기온이 올라가니 얼음이 녹아 물이 되었다"가 있다. 그러나 부산 사투리 '대다'는 동사가 아니라 형용사 '되다'의 발음이 간단해진 것이다.

형용사 '되다'에는 '일이 힘에 벅차다'라는 뜻이 있다. '되'가 비교적 발음이 어려운 모임이다 보니 편하게 '되다'의 '되'가 '대'가 된 것이다.

형용사 '되다'에는 '물기가 적어 빡빡하다'라는 뜻도 있다. '밥이 되다'라는 식으로 쓴다. 부산식으로 해 보면 "찌짐 반죽이 너무 대다"라고 할 수 있다. 반죽이 '대면' 주걱으로 젓기에 끈적끈적하고 무거워서 힘들다. 이러한 이미지를 떠올려서 피곤할 때 사용하는 '되다'와 사투리 '대다'는 통하는 것이 있다.

'대다'는 표준어인 형용사 '되다'의 뜻을 공유하고 발음만 변형된 사투리다. 형용사의 '되다'라는 말을 일상에서 사용하는 경우가 흔하지 않다. "피곤하다", "힘들다"라는 말을 더 많이 쓴다.

'되다'라고 할 때는 '고되다'라는 단어를 사용하는데, 문어체에 가깝다. 사투리 '대다'는 '되다'가 원래 지닌 의미를 그대로 가지고 있지만, 부산에서는 훨씬 일상생활에 가깝고 친근하게 사용하는 말이다.

부산에서는 '대다'를 가끔 혼잣말로도 사용한다. 표준어 '되다'를 그런 식으로 사용하는 경우는 거의 없다. 표준어 '되다'는 보통 그 대상이 명확하다. '일이 되다', '작업이 되다'처럼 쓴다. 그러나 부산에서는 감탄사로도 사용한다. 부산 사람들은 나의 상태나 감정을 맛깔나게 표현하는 사투리로 '대다'를 쓰고 있다.

땡초

단어 활용

"돼지국밥엔 땡초 팍팍 느 무야지."

단어 정의

작지만 맵고 강렬한, 부산 식탁 위의 경고 신호.

'땡초'는 돼지국밥을 먹을 때 약간의 기름짐과 느끼함을 씻어 준다. 또 김밥에 들어가기도 하는데, 이땐 '땡초 김밥'이 된다. 작게 한 입만 먹어도 입 안이 얼얼해지는 '땡초'. '땡초'는 매운맛이 느껴지는 사투리다.

'땡초'는 부산 사람이 사투리인지 모르고 다른 지역에 가서도 사용하는 대표적인 사투리다. 음식점에 가서 자연스럽게 "땡초 주세요" 한다. 다른 지역에서는 '땡초'를 '매운 고추'나 '청양고추'라고 한다.

'땡초'는 '땡고추'라는 말에서 유래한 것으로 보는데, '땡고추'가 줄어들어서 '땡초'가 된 것이다. '땡고추'는 표준어고, 표준국어대사전에 찾아보면 '아주 매운 고추'라는 뜻으로 풀이한다. '초'라는 글자는 고추를 나타내기도 한다. 한자로 하면 '산초나무 초(椒)'라는 글자인데, 이는 영어로 하면 'Pepper'라서 고추속, 후추속에 속하는 향신료 전반을 말한다. 그래서 조선시대에는 고추를 '쓸 고(苦)' 자에 '산초나무 초(椒)' 자를 붙여 '고초'라고 했다. 또한 고추가 외래 작물이라 '당나라 당(唐)' 자를 붙여 '당초'라고도 했다고 한다.

'땡초'는 '땡초'여야 그 맛이 나는 대표적인 사투리다. 마트에 가면 '땡초'를 비닐에 넣어 둔 것이 있다. 그 비닐에는

'매운 고추', '청양고추' 이렇게 적혀 있다. 부산 사람 중에 '땡초' 대신 '매운 고추'나 '청양고추'를 사용하는 사람은 극히 적다. 그만큼 '땡초'가 입에 착 붙는 사투리다. '땡초 라면', '땡초 어묵'을 '청양 고추 라면', '매운 고추 어묵'이라고 하면 그 느낌이 와닿지 않는다. '땡초'라고 해야 머리의 땀구멍이 확 열리는 매운맛을 상상할 수 있다. '땡초'는 '땡초'여야 한다. 대체 불가능한 부산 사투리다.

막장

단어 활용

"막장에 쌈 싸 무니까 끝내 주더라."

단어 정의

된장보다 깊은 맛, 어머니 손맛의 정수.

'막장'은 여러 가지 뜻을 가진다. 일반적으로 드라마의 '막장'을 떠올린다. 이때는 '마지막 장'의 줄임말로, 끝까지 간 상태를 비유한다.

그다음으로 전국적으로 알려진 '막장'은 광업과 관련하여 사용한다. 갱도의 막다른 곳에 있는 작업장을 '막장'이라고 한다. 하지만 부산에서는 다른 의미를 먼저 떠올리는 사람이 많다. 먹는 '막장'이다.

한때 지역별로 순대를 무엇에 찍어 먹는지에 대한 관심도가 높았다. 수도권과 충청도에서는 고춧가루가 섞인 소금, 전라도는 초장, 부산을 중심으로 울산, 경남에서는 막장에 찍어 먹는 게 화제였다.

'막장'은 '막된장'의 줄임말이다. 일반 된장은 메주를 소금물에 담가 간장을 뜨고 남은 메주를 다시 숙성해 만든다. 반면에 '막된장'은 메주를 바로 가루로 내어 쌀이나 보리와 같은 곡물, 그리고 고추씨, 고춧가루를 섞어서 만든다. 만들고 10일 정도 지나면 먹을 수 있다. 된장보다 간편하게 '막' 만들어서 '막' 먹는다는 의미로 '막된장'이 아닐까 한다. 영양소도 풍부하고 된장보다 단맛도 있어서 수육과 함께 먹기도 하며, 나물을 무치거나, 찌개를 끓일 때도 사용한다.

쓰잘데기 있는 사전

'막장'은 경상도 지역 고유의 음식 문화에서 비롯한 말인데, 최근에는 '쌈장'과 거의 동일하게 쓰인다. '쌈장'은 말 그대로 쌈을 싸 먹기 위한 장이다. 1980년대 초에 국민의 육류 소비가 늘어나면서 고기 전용 장을 만들고자 했던 한 기업에서 고추장과 된장을 섞어서 만든 것이 '쌈장'의 시초다. 그리고 '쌈장'의 보급과 함께 부산에서는 원래 '쌈장'과 비슷한 용도로 사용되었던 '막장'이 동일한 의미로 사용되기 시작했다고 보인다. 내용물 자체도 거의 '쌈장'과 비슷한 경우가 많은데, '막장'이 조금 더 묽은 느낌이 들 때도 있다.

부산의 '막장' 사랑은 대단하다. 순대는 물론이고 땡초랑 마늘을 다져 넣은 막장에 찍어 먹는 회 한 점, 부산의 맛이다.

18

맞나

단어 활용

"니 진짜 그랬나, 맞나?"

단어 정의

의심도, 확인도, 놀람도 담는 다용도 감탄사.

'맞나'는 드라마에서 쓰이면서 많이 알려졌다. 전국 팔도에서 서울로 올라온 대학생들이 생활하는 하숙집을 배경으로 한 드라마다. 신촌 하숙집에 충청도, 전라도, 경상도 학생들이 모여 살면서 일어나는 에피소드를 그렸다.

드라마에서 경상도 출신인 남학생과 여학생이 친구들과의 대화 속에서 '맞나'를 많이 사용한다. 친구가 한마디 할 때마다 "맞나"라고 한다. "맞나"를 들은 친구들의 반응이 재밌다. 전라도 친구는 "맞지 않아야~ 맞나 그 좀 그만해"라고 버럭 화내고 서울 친구는 "아니 뭐 맞는 것도 있고 안 맞는 것도 있는 거지, 암튼 다 맞지는 않아"라고 받아친다.

친구들의 반응은 '맞나'의 사전적 의미를 떠올리면 이상하지 않다. 표준국어대사전에서는 '문제에 대한 답이 틀리지 아니하다'라고 정의한다. 하지만 부산에서는 사전적 의미가 아닌, 대화의 흐름을 부드럽게 해 주는 기능을 한다. 주로 동년배끼리 쓰는 맞장구나 추임새의 역할이다. 외국 영화를 보면 대화할 때 중간중간 'Uh Huh' 하는데, '맞나'도 그러한 기능을 한다.

그렇다고 모두 동일하게 쓰이는 것은 아니고 미묘한 차이가 있다. 크게 세 가지로 나눌 수 있다. '맞나' 뒤에 문장

부호를 붙여 보면 된다. 우선 '맞나…'가 있는데, 이때 큰 의미가 있다기보다 상대방의 말을 듣고 있다는 표시, 대화의 윤활유 같은 느낌이다. 다음으로 '맞나??'가 있다. 상대방의 말을 한 번 확인하는 뉘앙스가 생긴다. 마지막으로 '맞나!!'처럼 느낌표가 붙는 경우다. 놀랍고, 경악한 감정을 포함한다. 세 가지 '맞나'는 다른 억양을 가진다.

맞장구는 듣는 사람이 말하는 사람의 이야기를 계속 듣고 있다는 점을 표현해 주는 기능을 한다. 그리고 말하는 사람과 그 이야기에 반응을 보인다는 면에서 상대방과의 관계 만들기에 매우 중요한 역할을 한다. '맞나'도 대표적인 맞장구 표현이며, 친절하고 따뜻한 말이다.

문디

단어 활용

"문디 자식, 또 사고 쳤제!"

단어 정의

비속어 같지만, 애정이 담긴 부산식 꾸중의 언어.

이 사투리는 비속어처럼 들리지만, 경상도에서는 친근함의 표현이다. 친하지 않으면 사용할 수 없는 사투리, '문디'다.

'문디' 앞에 '보리'를 붙여서 '보리 문디'라고 하면 '문둥이'라는 뜻의 경상도 사투리가 된다. '보리 문둥이'가 되는 것이다. '문둥이'라는 표현은 차별 표현으로 '문둥병 환자', '나병 환자'에서 유래했다. 이 표현은 유독 경상도에 많이 남아 있다. 이제는 거의 한센병 환자로 바꿔 부른다. 문둥병 환자, 나병 환자 등에서 유래한 '문디'는 경상도 이외 지역에서도 사용되긴 한다.

그런데 왜 '보리 문디'일까를 살펴보니, 지금이야 건강에 좋다고 찾아 먹는 잡곡이지만, 오랫동안 '보리'는 쌀보다 우선순위에서 밀리는 열등한 잡곡이었다. 맛도 모양도 별로인데 찰기도 떨어진다. 인기 없는 곡식이며, 보리와 관련한 어휘는 좋은 뜻으로 사용되지 않는다. '꿔다 놓은 보릿자루'처럼 주눅이 든 모습을 표현하거나 '보릿고개'처럼 사정이 가장 어려운 때를 비유할 때 사용한다.

'보리 문디'도 좋은 의미는 아니었을 거다. 척박한 지형을 가진 경상도의 겨울에도 보리는 자랄 수 있다. 메마른 산비탈이나 토지에 사람들의 눈을 피해 숨어든 나병 환자, 즉 한센병 환자는 밭농사를 지어 가며 생계를 유지하는 경우가 많았을 거다. 이런 부분을 고려하면 '보리'와 '문디'는 연관 있어 보인다.

'문디'는 "문디 자슥아", "생긴 거는 문디 같아도 아는 착하다", "문디 꼭 지 같은 생각만 하제" 등이 있다. 어릴 적 어른들에게 '문디'를 들을 때의 상황은 대개 이렇다. 내가 실수했거나 어른들이 걱정할 만한 상황을 만들었을 때다. 그러나 '문디'는 혼내지만 아끼는 느낌을 준다.

'문디'는 비속어의 뉘앙스를 가지지만, 경상도에서는 친분이 있거나 혈연관계에서 사용하는 특색 있는 애정 표현이다. '문디'라는 말은 손위 어른에게 사용할 수 없지만 상대방과 친밀한 관계를 유지하고 싶은 상황이거나 매우 막역한 관계에서 사용하는 애증의 표현이다.

20

박상

단어 활용

"시장 가니까 박상 튀기는 소리 들리더라."

단어 정의

"펑!" 소리와 함께 고소한 냄새를 풍기는 것.
'박상'은 부산 골목의 추억.

명절이 되면 어김없이 등장하는 말이다. 처음에 밥상인 줄 알고, '왜 쌀과자를 밥상이라고 부르지?'라고 생각한 적이 많다. 이제는 잘 아는 부산의 주전부리다.

'박상'의 어원을 찾기 쉽지 않았다. '박상'은 '박산'에서 유래했다고 볼 수 있다. 사전을 찾아보면 '박산(薄饊)'이라는 단어가 있다. '엷을 박(薄)'에 '산자 산(饊)'을 사용한다. '산자'라는 말은 '유밀과(油蜜菓)', 또는 '밥풀과자'라는 뜻이다. 때문에 '박산'은 '얇은 밥풀과자'라는 뜻이 된다.

부산에선 옥수수 뻥튀기, 일명 '강냉이'를 '박상'이라고 부르는 경우가 많다. 뻥튀기 아저씨가 등장하면서 "뻥이요" 하고 외치는 소리를 예전에는 많이 들었다. 원래 의미의 '박상'은 얇은 강정을 뜻하지만, 그 의미가 확장되어 뻥튀기도, 튀밥도 그리고 옥수수 강냉이도, 강정도, 유과도 심지어 호프집 같은 곳에서 볼 수 있는 마카로니 과자 등도 '박상'이라고 부르는 것 같다. 이것이야말로 만능어라고 볼 수 있다.

'박상'은 여러 세대에서 포괄적으로 많이 쓰는 '쌀과자'의 의미라고 한다면 어르신들의 용어 '오코시(おこし)'가 있다. 튀밥을 가리키는 박상, 이 튀밥에 물엿이나 조청을 넣고 만든 강정을 '오코시' 또는 경북에서는 '엿콩'이라고 부

르기도 한다. 조청을 넣고 버무린 쌀과자를 틀에 넣고 살짝 굳혀서 네모반듯하게 때로는 마름모꼴로 먹기 좋게 만든 과자다. 그런데 이 '오코시'는 일본말이다.

MZ세대를 비롯하여 많은 사람이 에너지바 등을 아침 식사로 공복에 먹는데, 생각해 보면 에너지바의 원조는 '박상'인 거 같다. 에너지바보다 좋은 재료를 많이 넣어 만든 '박상'을 좀 더 애용하면 좋겠다. 고물상 어르신들이 "박상 사이소~~ 고물도 받아예~~"라고 이야기하며 동네 한 바퀴를 누볐던 추억이 떠오른다. 명절에는 '박상' 한가득 상 위에 올려놓고 가족 친지와 담소를 나누면 좋겠다.

보골

단어 활용

"니 자꾸 내 보골 채울래?"

단어 정의

'허파'를 뜻하는 말에서 유래한 사투리로,
속에서 화가 치밀어 오를 때 쓰는 표현.
짜증과 분노가 북받칠 때 사용.

두 글자 사투리 보골

의미와 쓰임새를 추측하기 가장 어려웠던 부산 사투리가 '보골'이다. '보골'은 '화'라는 의미다.

 보통은 뒤에 동사가 붙는다. 자주 쓰이는 동사는 '나다'로, '보골이 나다'라고 쓰인다. '화가 나다'라는 뜻이 된다. "보골 나게 하지 마라"라고 하면 '화나게 하지 마라'라는 뜻이다. 그밖에 '채우다'라는 동사도 '보골'에 잘 붙어서 사용한다. "보골 먹인다"라고 쓰이는 경우도 종종 있다. 부산식으로는 "보골 미긴다"라고 할 수 있다. '화를 먹인다', 즉 '화나게 하다'라는 뜻이다.

 '보골'은 '허파'의 사투리다. 흔히 '폐'라고 불리는 신체 기관 중 하나다. 신체 기관은 우리의 생활과 밀접해서 사투리로 많이 쓰인다. '보골'은 '바람'에서 유래했다는 설이 있는데, '허파'가 호흡을 담당하는 기관이니 이해되는 면이 있다. 별개로 왜 '허파'를 가리키는 사투리 '보골'이 '화'를 의미하는지는 언뜻 보면 이해되지 않는다. '허파'를 뜻하는 다른 말로 추측할 수 있다. 바로 '부아'다.

 이런 말을 종종 들어 본 적 있다. '부아가 치밀어 올라 아무것도 할 수 없다.' 이때의 '부아'는 '부아가 치밀다'로 쓰여서 '화가 나다'라는 의미다. 화가 나면 호흡이 고르지 않고 빨라진다. '허파'가 안에서 밖으로 밀어내지는 모습에서 '화'를 내는 모습을 표현하는 말이 나온 것이다. '보골'은 이 '부아'와 유사한 의미를 지닌다.

부산에서 '보골'이 '화'라고 쓰이지만, 그 정도는 미묘하게 달라진다. '삐지다', '토라지다' 정도의 '화'부터 시작해서 약이 오르는 경우에도 "보골 난다"라고 사용한다. 그리고 반복되는 좋지 않은 상황에 대한 짜증, 신경질에 가까운 화도 '보골 채운다'라고 표현한다. 부산에서 생활하며 느낀 것이, 강도 높은 노여움에 대해서는 '보골'이라는 말을 잘 사용하지 않는 것 같았다. 아무튼 모두 보골이 나지 않고 평안한 하루를 보내길 바란다.

22

살구

단어 활용

"가가 살구놀이도 잘한다 아이가."

단어 정의

공기놀이의 작은 공, 추억을 떠올리게 만드는 단어.

쓰잘데기 있는 사전

먹는 '살구'가 아니고, 민속놀이 중 하나인 '공기놀이'의 사투리다. 부산, 울산, 경남에서 '공기'를 부르는 말이다.

'공기'로 하는 '공기놀이'는 '살구받이', '살구놀이' 등으로 부른다. 표준국어대사전에서 '공기놀이'는 '공기를 가지고 노는 아이들 놀이'라고 정의한다.

'공기놀이'는 조선 후기 실학자 이규경이 19세기에 작성한 『오주연문장전산고』에 기록될 정도로 오래된 민속놀이다. '공기'의 옛 한글 표기는 '공긔'로, 한자어 '공기(空氣, Air)'와 다르다. 이규경의 『오주연문장전산고』에서는 '공기(拱棋)'라는 한자로 표기했는데, 이는 '바둑돌을 들어 올린다'는 뜻으로, 한자음을 빌린 취음 표기일 수 있다.

'공기놀이'는 지역마다 다르게 부른다. 서울과 경기도에서는 '공기놀이', 강원도에서는 '깨기공기', '조약돌질'이라 부르며, 대구와 경북에서는 '자새받기', 전라도와 광주에서는 '다짜구리', '닷짝걸이', '짜게받기', '좌돌리기', '조아질' 등으로 부른다.

'살구놀이'의 어원은 공깃돌 대신 살구씨를 사용하던 옛날 공기놀이에서 비롯되었거나, 사투리와의 융합으로 생긴 것으로 추정된다. 또는 공기놀이의 단계를 1단, 2단으로 칭하다가 나이에 빗대어 1살, 2살처럼 불러서 '살고'가

'살구'로 변화했다는 이야기도 있다.

21세기 이전에는 부산, 울산, 경남에서 '공기놀이'를 '살구'라고 불렀다. 요즘은 표준어인 '공기놀이'라는 표현을 사용해서 어린 세대는 '살구'라는 말을 거의 쓰지 않지만 뜻은 알고 있다.

최근 OTT 드라마 <오징어 게임 2>의 두 번째 게임 5인 6각 근대 5종 경기에서 딱지치기, 비석 치기, 팽이치기, 제기차기와 함께 5개의 게임 중 하나로 등장한다. 덕분에 해외에서 '공기놀이'에 대한 관심이 급증했다. 영어로는 주로 'Gong-gi'로 표기한다. K-민속놀이가 세계적으로 주목받는 만큼, K-사투리인 '살구'도 알려지길 바란다.

시근

단어 활용

"시근 머리가 없어서, 큰일이다 큰일."

단어 정의

철딱서니 없을 때 혀를 끌끌 차며 하는 부산 사투리.

인생을 계절에 비유하면 가을은 보통 중년 이후를 말한다. 신체적으로 젊음의 절정은 지났지만, 정신적으로는 깊이를 더해 가는 때다. '시근'은 인간 만사를 계절에 비유했을 때 가을과 어울리는 사투리다.

'시근'은 표준어로 하면 '철'에 해당한다. 보통 '철들다', '철없다'라는 형태로 쓰인다. '철들다'는 사리를 분별해서 판단하는 힘이 생긴다는 의미다. 부산에서는 이 '철들다' 대신에 '시근 들다', '시근 있다'라고 말한다. '철없다'는 '시근 없다'가 된다.

표준국어대사전에서 '시근'은 '근본이 되는 원인'이라고 정의한다. '처음 시(始)'에 '뿌리 근(根)'을 쓴다. '시근'이 있고, 없는지에 따라 한 사람의 말과 행동이 분별력을 지니는지를 이야기한다고 보인다.

다만 '시근'은 '철'보다 더 넓은 의미로 쓰이는 것 같다. 그것은 '시근 머리'라는 용법에서 알 수 있다. 이때의 '머리'는 '생각하고 판단하는 능력'이라는 뜻을 지닌다. 보통 '일머리', '공부 머리'처럼 사용한다. '시근 머리'는 단순히 '철'을 넘어서 다양한 의미의 사고력, 응용력, 통찰력 등을 포함하는 뉘앙스를 가진다. '지혜롭다' 할 때의 '지혜'와 같은 측면도 어우르는 것이다. 어떻게 보면 '일머리', '공부 머리'

가 뜻하는 바도 품는다고 할 수 있다.

부산 사투리 '시근'과 비슷한 의미를 지닌 사투리가 지역마다 존재한다. '시근(이) 들다'의 의미로, 전라남도에서는 '속 들다'라고 쓰인다. '속'이라는 말에는 '가슴에 품고 있는 생각이나 마음', '겉으로 드러나지 않은 일의 내막이나 사정'이라는 뜻이 있다. 이러한 뜻에서 유래했다고 보인다.

평양에서는 시근이 안 들었을 경우, '헴 없다'라고 한다. '헴'은 '셈'의 사투리로, 수를 헤아리거나 그것을 따질 때 쓰는 '셈'이다. '셈이 분명하다'라는 식으로 쓸 수 있다. 이러한 뜻이 바뀌어 부산 사투리의 '시근'과 유사한 의미가 되었다. '시근', '철'은 일상에서 많이 사용하는 단어이다 보니 다양하게 변형되어 쓰이는 것 같다.

아나

단어 활용

"아나, 이 감기약 먹고 얼른 나아라."

단어 정의

무언가 건넬 때 사용하는 리드미컬한 부산의 감탄사.

'아나'는 부산에 오면 '쫌', '맞나'처럼 자주 듣는다. 여기서 말하는 '아나'는 "내 누군지 아나?"에서 사용하는 '알다'의 의미가 아니다.

'아나'는 부산 사람들에게 자연스러운 감탄사이자 추임새다. 표준어로는 '자', '여기'라는 뜻으로 물건을 전할 때 주로 쓰는 말이다. 예를 들어 "아나 여 있다"라는 식이다.

'아나'는 물건을 전달할 때 가장 많이 쓰고, 반말이기 때문에 자신보다 나이가 많은 사람에게 사용하면 실례되는 표현이다. 어원은 명확하지 않지만, 짧고 강하게 발음되는 특성 덕분에 직관적으로 감정을 표현할 수 있다.

'아나'는 주로 "아나 여 있다"라고 사용하지만, 뒤에 따라오는 다른 표현 없이도 사용한다. 예를 들어, 할머니나 할아버지께서 손주에게 용돈을 주실 때 "아나"만으로 뒤에 "용돈 받아라" 하는 후속 표현 없이 의미를 전달할 수 있다.

영화 <범죄와의 전쟁>에서도 사용되었다. 영화에서 하정우(최형배 역)가 "불 함 붙이 바라"라고 말하니, 조진웅(김판호 역)이 "아나~" 한다. 담뱃불을 붙여 달라거나 거부할 때도 '아나'라는 표현이 사용된다. 남에게 '이거나 먹고 떨어져라'라는 식으로도 자주 쓰인다. 경상도 억양을 살려서 말하면 '아'와 '나'가 똑같이 높고 맨 끝에 가서 쑥 떨어지는 "아나↘" 톤이다.

경상도 외의 지역에서는 '아나' 대신 '여기', '자'라고 한다. 또는 말없이 물건만 주는 경우가 많다. '아나'는 무심코 툭 던지는 한마디의 감정 표현이다. 짧고 굵은 이 표현은 츤데레를 대표하는 사투리라고 볼 수 있다. 짧고 간결한 표현이지만 말하는 사람의 깊은 속정을 효과적으로 전달할 수 있다.

부산의 일상 언어 속에서 자연스럽게 던져지는 '아나'는 단순한 감탄사를 넘어, 무뚝뚝하지만 따뜻한 부산의 문화적 아이덴티티를 나타낸다고 볼 수 있다.

아재

단어 활용

"아재, 오늘 날씨 죽이네요."

단어 정의

꼰대와 친근함 사이의 남성을 칭하는 표현.

'아재 개그'라는 말은 들어봤을 거 같다. 외에도 '아재 입맛', '아재 취향'도 많이 쓴다. '아재'는 '아저씨'를 뜻한다. 청년층과 구분하며 약간 희화하여 표현하고자 할 때 쓴다.

'아재'가 신조어라고 생각하는 사람도 있다. 표준국어대사전에서 '아저씨의 낮춤말'이라고 정의하는 표준어다. 하지만 '아재'는 부산의 사투리 중 하나다. 표준어는 대부분 서울말인데, 일부 사투리도 표준어로 지정되며 '아재'가 그러한 경우다.

그런데 부산 사투리 '아재'는 '아재 개그'나 '아재 입맛', '아재 취향'의 '아재'와는 조금 다르다. 사투리 '아재'는 자신보다 위 항렬인 남성 친척을 부를 때 사용되며, 먼 친척을 가리키는 호칭이다. 5촌 당숙을 5촌 아재라고 하는 식이다. 나이와는 상관없이 항렬에 따라 사용한다. 먼 친척인 경우, 자신보다 나이는 어리지만 항렬이 위일 때도 '아재'라고 한다.

'아재'가 친족 호칭이지만, 과거 동네에 아는 '아재'가 한 명씩 있었다. '쌀집 아재', '김 씨 아재' 등이다. 이런 경우 친족만큼 가깝게 지내는 사람, 그중 손위 남성을 친근하게 부르는 호칭이다. 그 밖에도 2000년대에 롯데 자이언츠의 열렬한 팬을 '부산 아재'라고도 했다. 이처럼 사투리

쓰잘데기 있는 사전

의 의미가 확대된 결과, 지금처럼 대중화된 '아재'로 이어진다.

'아재'와 짝을 이루는 사투리가 '아지매'다. '아지매'도 원래는 친족 호칭이다. 부모와 같은 항렬의 여성이나 손윗사람인 남성의 아내를 가리킬 때 사용한다. 표준어로는 '아주머니'다. 이것이 친족 여부와 상관없이 손위 여성을 친근하게 부르는 말로 확장되어 쓰인다. '아주머니'보다 '부산 아지매', '자갈치 아지매'라고 하면 더 정겹고 에너지 넘치는 이미지가 그려진다.

함경도에서는 '아재'가 여성을 뜻한다. 부산에서 '아지매'에 해당하는 사람을 '아재'라고 부르는 것이다. 지역마다 달라지는 의미가 신기하다.

애살

단어 활용

"일을 참말로 애살 있게 잘하네."

단어 정의

똑부러지고 열정 넘치는 사람에게 사용하는 부산 사투리.

아들이 유치원에 다닐 때, 선생님께서 "남자아이인데 애살이 있네요"라고 하신 적이 있다. 어떤 뉘앙스인지 전혀 감이 오지 않았다.

표준국어대사전에서 '애살맞다', '애살스럽다'라는 단어를 찾아볼 수 있다. '군색하고 애바르다'라는 뜻이다. '군색하다'는 건 '필요한 것이 없거나 모자라서 딱하고 옹색하다'이고, '애바르다'라는 건 '이익을 좇아 발밭게 덤비다'라는 뜻이다. 기본적으로 좋은 의미는 아니다.

그런데 부산에서 사용하는 '애살'은 사전적 의미와 다르게 상대적으로 긍정적인 뉘앙스를 가진다. 보통 손윗사람이 손아랫사람에게 쓰는데, 일반화하기는 어렵지만 여성을 대상으로 쓰는 경우가 많다. 자신이 맡은 일에 애착이 있고 잘하고 싶어서 욕심을 내는 모습을 보고 쓰는 말이다. 영화 <해리포터> 시리즈의 헤르미온느가 애살 있는 모습이다. '애살'은 '샘이 많다', '샘내다' 할 때 '샘'의 사투리라고 하지만 더 풍부한 의미를 지닌다.

"그 녀석 독종이야"의 '독종'이라는 표현도 있는데, '애살'과 뉘앙스가 다르다. '깡이 있다'의 '깡'도 가능할 것 같다. 하지만 부산에서 구인 광고를 보면 학원 선생님을 구하는 경우, '애살 있는 선생님 모집'이라고 쓰기도 한다. 이

때 '독종'이나 '깡'을 쓰는 건 맞지 않다. '애살'을 다른 단어로 대체하면 고유한 느낌을 살릴 수 없다.

이렇게 '애살'이 지니는 뉘앙스를 잘 살리며 대체할 만한 표준어를 찾는 것은 쉽지 않다. 그런데 최근 어떤 책을 보고 '아, 이 말이 애살인가?' 했다. 『그릿(GRIT)』이다. 자기계발서인데, 이 '그릿'이 '애살'과 비슷한 것 같다. '그릿'은 성공과 성취를 끌어내는 데 결정적인 역할을 하는 투지 또는 용기를 뜻한다. 재능보다 노력의 힘을 강조하는 말이다. 어떻게 보면 '애살'과 일맥상통하는 부분이 있는 것 같다. 표준어로는 대체가 안 되지만 글로벌하게 쓰일 수 있는 말이 '애살' 아닐까, 하고 생각한다.

야시

단어 활용
"누굴 닮아 요렇게 애교 많고 야시방망이일까?"

단어 정의
미련하지 않고 똑똑한 여우 같은 사람을
가리키는 부산 사투리.

두 글자 사투리   야시

'야시'는 '여우'의 사투리다. 북구 구포2동에 가면 야시 고개 마을 스토리길이 있다. 이곳이 일제강점기에 모라동에서 구포로 넘어가는 유일한 고개였는데 밤에 '야시', 즉 '여우'가 자주 나타났다고 한다. 이런 역사를 살려서 북구에서 이름을 붙이고 벽화나 공원 등 환경을 정비한다.

'야시'에는 이 동물을 가리키는 의미 말고 또 하나의 쓰임이 있다. 바로 사람의 특정 행동이나 모습을 비유할 때 사용하는 것이다. 표준국어대사전에 따르면 '여우'는 '매우 교활한 사람을 비유적으로 이르는 말', '하는 짓이 깜찍하고 영악한 계집아이를 비유적으로 이르는 말'이라는 뜻이 있다.

'여우'라는 말은 부정적인 뉘앙스가 강하며 '교활함'을 뜻하는 경우가 대부분이다. '여우 같다'라고 말하면 상대는 불쾌하게 느낄 확률이 높다. 그런데 '야시'는 뒤의 뜻, '깜찍하고 영악함', 나아가서는 약간의 똑똑함도 함께 포함하는 듯하다. 특히 어린 여자아이에게 쓸 때 그렇다.

'야시'가 '여우'보다 넓은 의미를 지닌 말이라고 할 수 있다. '새침하다', '똑 부러지다'라는 뜻도 있다고 보인다. 주로 어른이 여자아이에게 사용하거나 친한 친구끼리 사용한다.

재밌는 것은 부정적이지만은 않은 뉘앙스를 가지고 '야시'가 사용될 때 '야시방망이', '야시방맹이'라는 특정한 형태로 쓰이는 경우가 많다. '야시방망이 아기', '야시방맹이 딸래미', '야시방맹이 막둥이'처럼 본인의 자녀에게도 사용한다. 또는 '야시방맹이 고양이'나 '야시방맹이 강아지'도 있다. 다이어트, 자기 관리를 하면서 스스로에게 '야시방맹이 라이프'처럼 사용하는 경우도 있다.

어데

단어 활용

"어데예."

단어 정의

'어디'의 부산 사투리. 단순히 장소만을 묻지 않고 관심, 꾸중, 감탄, 놀람까지 담는 다기능 표현.

쓸데기 있는 사전

'어데'는 '어디'의 사투리다. "니 어데 가노?"라는 식으로 사용한다.

'어디'에는 다른 쓰임새도 있다. 상대방의 주의를 끌거나 의문을 던지고 부정적인 의견을 표현할 때 감탄사처럼 사용하는 방법이다. 예를 들어 "어디 말이나 되는 소리냐", "어디 한번 보자"라는 식으로도 '어디'를 사용하는데, 이때 '어디'를 사투리 '어데'로 바꿀 수 있다. "어데 손대노"라는 문장에도 사용한다.

하지만 부산 사투리 '어데'는 '어디'보다 풍부한 의미가 있다. 우선 '괜찮다', '별것 아니다'라는 의미로 쓰이는 '어데'다. '죄송하다'는 말에 대답으로 "어데!"라고도 한다. 이럴 때는 '어데'를 "마 고마 됐다"라는 사투리로 풀 수도 있다. 사과의 표현에 대하여 '알겠으니 신경 쓰지 않아도 된다'라는 뉘앙스가 포함된다.

또한 '어데'는 칭찬에 대한 겸양의 표현이다. "와 니 요즘 살 빠지더니 잘 생겨졌네"라는 말에 대하여 "어데"라고 하는 식이다. 칭찬을 일단 부정하면서 겸손함을 나타낸다. 겸양의 표현으로서의 '어데'는 '어데예'라는 식으로 쓰이는 경우가 많다. 뒤에 '-예'를 붙임으로서 더 공손하고 겸손하게 표현할 수 있다. 특히 윗사람의 칭찬에 대해서

"어데예"라고 답하는 경우가 많다. "오늘 발표는 참 좋았네"라는 칭찬에 "어데예"라는 식이다.

중국어에서도 칭찬에 대한 대답으로 '어디'를 뜻하는 '나(那)'라는 한자를 사용하여 "나리 나리(那里 那里)"라고 한다. 동양어는 칭찬에 대한 답을 부정적으로 함으로써 겸손함을 표현하는 경우가 많다. 영어 화자들은 칭찬을 들으면 "고맙습니다(Thank you)"라고 하지만 한·중·일 동아시아 3국은 대부분 "아니에요"라는 식으로 부정적인 답을 한다. 부산 사투리 '어데예'는 '아니에요'보다 부드럽고 살갑게 응하는 느낌이다.

'어데', '어데예'는 맥락에 따라 다양하게 사용돼서 다른 사투리보다도 말의 길이, 높낮이 등 억양이 그 의미를 구분하는 데 중요하다. 부산 사투리의 진수를 보여 주는 말인 것 같다.

얼라

단어 활용

"얼라같이 와 그라노."

단어 정의

'어린아이'를 뜻하면서 장난기와 애정을 내포한 표현.

두 글자 사투리   얼라

저출산으로 인해 '얼라'가 줄고 있다. 특히 부산은 다른 도시보다 '얼라'가 빠르게 줄어들고 있다고 한다. '얼라'가 참 귀한 요즘이다.

'얼라'는 '어린아이'라는 뜻을 가진 사투리다. '알라'라고 하는 사람도 제법 있다. 외지인이 '얼라'를 듣고 '어린아이'를 떠올리기는 어렵다.

'얼라'는 '어리다'의 '어리'에 받침 'ㄴ'과 어린이를 뜻하는 어미 '-아'가 합쳐진 형태, 그러니까 '어린아'가 변화한 형태로 추정된다. '어린아'에서 중간의 모음 'ㅣ'가 탈락하면 '얼나'가 되는데, 이것이 다시 발음이 편하게 자음동화가 일어나서 '얼라'가 되었다는 것이다. 앞에서 설명한 '알라'의 경우 여기서 발음이 더 편한 형태로 바뀐 것이다.

'얼라'는 나이가 적은 아이, 영어로 하면 Child를 가리킬 때 사용한다. "오늘 날씨가 좋아서 공원에 갔더니 얼라들이 잔디밭에서 맨발로 뛰어다니고 난리도 아니더라"처럼 쓸 수 있다. 걸어 다니고 말귀를 알아듣는 정도의 어린아이부터 '얼라'라고 부르는 것 같다.

'얼라'는 어린 티가 남아 있는 사람을 이야기할 때도 사용한다. "니가 아직도 얼라인 줄 아나"라든지 "아니 무슨 얼라도 아니고 음식을 질질 흘리냐"라는 식으로 쓸 수 있다. 굳이 표준어로 바꾸어 보자면 '애송이' 정도라고 할 수 있는데, 개인적으로 '애송이'로 '얼라'의 느낌을 살릴 수 없는 것 같다.

사투리 '얼라'를 조사하다 보니 '얼라'를 공공기관이나 가게에서 종종 사용하는 것을 알 수 있었다. 경남의 어떤 박물관에서는 어린이날을 맞이하여 '얼라라 좋다'라는 행사를 진행했다. 부산을 기반으로 아이들을 위한 김치, 고추장, 반찬 같은 것을 만들어 파는 업체 중에 '얼라'를 상호에 사용하기도 한다.

'얼라'가 주는 친근함, 그리고 발음이 주는 경쾌함이 있다. '얼라'는 경제적 가치를 지닌 사투리, 다른 말로 하면 돈이 되는 사투리라고 할 수 있다.

은다

단어 활용

"같이 가자고 하니까, 으은다 하고 가 버리더라."

단어 정의

거절도 정겹게, 부산 사람 특유의
리듬을 담은 부드러운 한마디.

경남권에서 주로 사용되는 말로 경북, 대구 등지에서는 '은다'가 '은지', '언지'가 된다. 외지인은 오해하기 쉬운 부산 사투리다.

사투리 '은다' 역시 얼핏 들으면 부정이 아니라 긍정하는 것처럼 들린다. '으응', '응'처럼 들리기도 한다. '은다'의 대략적인 의미는 '싫다', '됐다', '안 한다', '-하지 않겠다' 정도로 이해하면 된다. "너 뭐 할래?" 같은 권유나 제안 또는 질문처럼 내용에 대한 대답으로 주로 사용한다. 의미는 "싫어", "안 할 거야"와 같다. 중년 세대에서 주로 사용하는 것 같다.

'은다'는 발음이 중요하다. 대개 짧게 말하지 않는 것 같다. 주로 "으은다"로 대답하는 경우가 많다. "으은~"을 길게 끌어 발음하는 것이 중요하다. 다만 짧게 말하는 "은다"와 길게 말하는 "으은다"는 감정에 따라 달리 사용하기도 한다. "은"을 짧게 발음하면 약한 거절의 강도를 내포한다고 볼 수 있다. 그리고 "으은~"처럼 길게 이야기하면 매우 싫거나 경우에 따라서 가벼운 놀림과 유희를 내포한 거절 표현이 된다. 발음의 길이에 따라 뉘앙스가 달라지는 셈이다.

어원은 아직 확실하게 밝혀진 바는 없다. 표준국어대사

전 및 기타 여러 문헌 자료를 찾아봐도 없다. 다만 경상도 사투리의 발음 특징은 모음의 수가 다른 지역에 비교해 적다는 거다. 그래서 하나의 모음 발음에 여러 모음이 뭉쳐 있게 된다. '은다'의 의미 중 '안 한다'의 발음이 바뀌어 생겼다는 설이 가장 유력하다고 볼 수 있다. '안 한다'의 발음 중 'ㅎ' 발음이 옅어지면서 만들어진 말이라 유추할 수 있다.

부산 특유의 방식으로 완곡한 거절을 나타내는 사투리다. 사실 '은다'는 어찌 보면 새로운 형태의 거절 방식이다. 중년 세대가 많이 사용하는 '은다'는 "싫어", "안 할 건데"라고 직접적으로 거절하는 방식보다 기분이 덜 상하는 방법인 것 같다. 남성들은 중저음으로 "으은다"라고 발음하는 경우도 있는데, 이때 귀찮음을 담아 리드미컬하게 거절할 수 있다.

정지

단어 활용
"밥 다 됐다. 정지에서 퍼 와라."

단어 정의
부엌을 뜻하는 말.
집안의 온기가 시작되는 공간 언어.

두 글자 사투리 정지

연휴가 되면 맛있는 음식을 먹기 위해서 그 어떤 곳보다 바쁘게 돌아가는 공간이 있다. 바로 '정지'다.

부산 사투리 '정지'는 '부엌' 또는 '주방'이라는 뜻을 가진 말이다. '정기'라고 쓰는 사람도 있다. 다만 젊은 세대에게는 부산 토박이라 할지라도 그다지 친숙하지 않은 사투리다. 할머니께서 "정지 가서 정구지 좀 가 온나"라고 하시는 것을 들어 본 친구들이 드문드문 아는 정도다.

역사적으로 '부엌'과 '주방'은 엄연히 다른 공간을 뜻한다. '부엌'은 '불'이라는 말에서 유래한 것으로 '불을 때는 아궁이'를 의미하는데, 의미가 넓어져서 '음식 만드는 곳' 전체를 가리키게 되었다. '주방'은 '음식을 만드는 방'이라는 뜻을 지닌다. 아궁이가 점차 사라지면서 '부엌'과 '주방'이 혼용되기 시작했다고 할 수 있다.

'정지'는 '부엌'과 '주방' 중 '주방'을 가리키는 말이다. 부산을 비롯한 경상도에서는 아궁이의 사투리로 '부석'이라는 말을 썼다. 그래서 '부엌'의 원래 의미를 살린 형태로 더 오랫동안 사용했다.

반면에 '정지'는 '정주'에서 유래했다고 본다. 이때 '정'은 한자 '솥 정(鼎)'자다. 모양도 복잡하고 평소에 자주 사용하는 한자는 아니다. '정주'는 '솥은 걸어 놓고 음식을 만드는 공간'이라는 뜻이고, 이 말이 '정지'로 변하여 '주방' 그리고 '부엌'이라는 의미로 사용된다.

  음식점 이름에 '정지'를 사용하거나 셰프가 펴낸 요리책에 '정지'가 들어가는 경우가 있다. '정지'라는 말을 요즘 세대는 잘 사용하지 않지만, 음식을 만드는 공간이 지니는 따뜻함을 돋보이게 하는 사투리다.

주디

단어 활용
"주디 함부로 놀리면 안 된다."

단어 정의
'입'을 뜻하는 직설적 표현.
부산 사람 특유의 거침없는 말투.

쓸데기 있는 사전

이 단어는 사람의 '입'을 일컫는, 혹은 뾰족하게 나온 코나 입 주위의 부분이라는 의미를 가진 '주둥이'의 속어다.

'주디'의 사전적 의미는 '주둥이'로, 이 말을 줄여서 부르게 된 사투리다. 이 '주디'는 경상도에서 사용하고, '주데이'는 충청도, 함경도, 중국 흑룡강성에서도 사용된다. 전라남도에서는 '주디'를 길게 발음하여 '주디이'로 사용하기도 한다.

매스컴에서 이 말을 사용할 때면 비교적 강하게 이야기하는 것처럼 들리기 때문에 비속어나 윽박지르는 것처럼 보일 때도 있다. 그렇지만 이 말은 주로 친숙한 관계에서 자주 사용하며 오히려 친근감을 나타낸다.

'주디'를 사용하는 예문은 많다. 그중 흥미로운 표현을 꼽으면 "한 주디 해라"가 있다. "한입 먹어라"와 같은 의미로, 친한 사람에게 더욱 친근하게 음식을 권할 수 있다. 그 밖에도 "주디가 파랗다. 몸 좀 녹이라", "시끄럽다. 주디 닫아라" 등 임팩트가 강한 예시도 있다.

몇 년 전 부산 관광콘텐츠 개발 프로그램 중에 '주디'가 선정된 적이 있다. 영도 깡깡이 마을을 배경으로 영화와 만화, 게임, 요리 등을 접목한 프로그램으로 '주디'라는 작품이 최우수상에 선정되었는데, 부산 사투리를 활용한 네

이밍이라고 볼 수 있다.

 부산 사투리는 과거 조·단역 배우들이 지역색이나 촌스러움을 드러내기 위해 쓰는 장치가 아니라, 이젠 엄연히 주역의 언어로 여러 장면에서 사용되고 있음을 확인할 수 있다. 전지전능한 사투리의 매력을 뽐내는 부산 시민의 감정을 매우 잘 표현할 수 있는 영혼의 언어다. 구석구석 숨겨져 있는 매력적인 부산 사투리를 찾아서 열심히 '주디' 한번 털어야겠다.

주리

단어 활용

"아침에 나올 때 주리 좀 챙겨 줄 끼가?"

단어 정의

용돈이나 푼돈을 뜻하는 말.
자잘하지만 중요한 경제생활의 단어.

두 글자 사투리 　　　　　　　　　　　　　　　　　　　　　　주리

'주리' 하면 사극의 한 장면이 떠오른다. 관아에서 죄를 지은 사람을 불러서 자백하게 하는 형벌, '주리'다. 이때 '주리를 틀다'라는 형태로 쓰이며 죄인의 두 다리를 하나로 묶고 다리 사이에 두 개의 주릿대를 끼워 비튼다.

'주리'는 '거스름돈', '잔돈'을 뜻한다. 물건을 살 때 그 가격보다 큰돈을 내면 거슬러 받는 차액이다. 이 사투리는 카드로 결제하는 것이 익숙한 현대인에겐 낯설다.

'주리'의 유래는 크게 세 가지로 나뉜다. 첫 번째는 '우수리'라는 말에서 비롯되었다는 설이다. '우수리'는 '물건값을 제하고 거슬러 받는 잔돈', '일정한 수나 수량에 차고 남는 수나 수량'을 나타내는 순우리말이다. 이 '우수리'가 뜻을 유지하면서 발음이 축약된 것이 부산 사투리 '주리'라는 설명이다.

두 번째는 '주릅'이라는 순우리말이 변했다는 것이다. '주릅'은 '흥정을 붙여 주고 그 대가로 보수를 받는 사람'을 뜻하는 말이다. 중개인, 요즘 말로 하면 에이전트라고 할 수 있다. 이 말 역시 지금은 거의 사용하지 않는다. 과거에는 '약주릅'과 같이 흥정하는 물건을 앞에 붙여 사용했다고 한다. 이 '주릅'의 의미를 일부 이어받으며 발음이 남은 것이 '주리'라는 것이다.

마지막은 일본어에서 유래되었다는 설이다. 일본어로 거스름돈, 잔돈을 나타내는 말이 '오쓰리(おつり)'다. 일본어로 '쓰리아우(つりあう)'라는 동사가 있다. '균형을 맞추다'라는 뜻이다. 천칭 저울을 떠올려 보면 될 것 같다. 한쪽이 무거우면 기울어진다. 그럴 때 기울어지지 않도록 조금씩 더하는 행동을 '쓰리아우'라고 하는 것이다. 그리고 이렇게 조금 모자라고 넘치는 것을 조정하는 의미에서 거스름돈, 잔돈이라는 말로 사용된 것이다.

어느 설명이 가장 설득력 있는가. 어쨌든 이른바 '현금 없는 사회'에 살면서 '주리'라는 사투리의 행방이 궁금하고 조금은 걱정되는 바다.

34

짜구

단어 활용

"아, 짜구난다. 진짜 더 못 묵겠다."

단어 정의

배가 부를 때 쓰는 말.
맛있게 먹고 난 뒤 터지는 부산식 포만감 표현.

쓰잘데기 있는 사전

보통 '나다'와 붙어서 '짜구나다'라는 형태로 쓰인다. '짜구'는 사용 빈도가 크게 줄어든 사투리 중 하나다. 그만큼 그리운 사투리라고 할 수 있다.

'짜구나다'라는 형태로 쓰였을 때, '배가 터질 듯이 먹어서 탈이 나다'라는 의미를 지닌다. 어릴 때 음식을 급하게 먹다 보면 어른들께 이런 말을 들을 수 있었다. "느그들 그렇게 먹다가 언친다. 천천히 묵어라, 짜구난다." 사투리인 '언치다'는 체해서 소화가 안 됨을 말한다면 '짜구나다'는 그것을 포함하여 더 다양한 증상의 배탈을 가리킨다.

'짜구'는 표준어 '자귀'에서 유래했다. '자귀'는 개나 돼지에게 생기는 병을 가리킨다. 이 병은 개나 돼지가 너무 많이 먹어서 생기는 병으로, '자귀'에 걸리면 배가 붓고 발목이 굽으면서 일어서지 못한다고 한다. 과식한 개나 돼지의 모습에 빗대어 표현한 사투리가 '짜구'다. 표준어 '자귀'에서 '귀'가 발음이 쉬운 '구'가 되고, 경상도에서 잘 일어나는 경음화, 그러니까 'ㅉ'과 같이 된소리로 변화하여 '짜구'가 된다.

사투리 '짜구'를 '짜부'로 쓰는 경우도 제법 있다. '짜부'는 무언가에 눌린 모양을 나타낼 때 쓴다. "아 케이크 위에 사과를 올렸더니 케이크가 다 짜부가 됐다"라는 식이다.

언뜻 들으면 '짜부'도 사투리 같지만, 그렇지는 않다. '짜부'는 '물체가 눌리거나 부딪혀서 우그러지다'라는 의미를 지닌 표준어 '짜부라지다'가 축약되어 '짜부'가 된 말로 사투리는 아니다.

'짜구', '짜구나다'라는 의미로 다른 지역에서는 어떻게 쓰일까 살펴보면, 영호남에서 '짜구'라는 표현을 공유한다. 부산 사투리 중 많은 사투리가 전라도에서도 사용되는데, '봉다리'라는 표현도 있다. 중심에서 멀어질수록 공유하는 말이 많다는 언어학적 이론으로 설명이 가능한 것 같다.

짝지

단어 활용
"오늘 짝지랑 도시락 까먹었다."

단어 정의
학교에 다닐 때 책상 너머의 친구와
웃고 울던 시절의 말씨.

어느 날 아들이 초등학교에 다녀와서 "엄마, 오늘 학교에서 내 짝지가…" 했다. '짝지'라는 단어를 부산 토박이인 아들에게 배웠다.

부산 사투리 '짝지'는 '짝꿍'이라는 의미를 지닌 말이다. '짝꿍'은 '단짝'을 다정하게 칭하는 말이다. '짝'은 순우리말로 '서로 어울려 한 벌이나 한 쌍을 이루는 것'이라는 뜻이다. 여기에 '오직 그것만'이라는 의미의 한자 '단(單)'이 붙어 '잘 어울리는 하나뿐인 쌍'을 의미하는 '단짝'이 된다. 즉 '짝꿍'은 '뜻이 맞거나 매우 친한 사람'을 말하며, '짝지'도 같은 의미를 지닌다.

'짝지'는 표준국어대사전에 표준어로 등재된 말이고, '짝꿍'의 유의어다. 다만 부산을 중심으로 한 경상도 외에는 거의 사용되지 않는다. 이유를 정확히 알 수 없지만 '짝지'라는 말이 지역적 특성을 가지고 쓰이게 되었고, 이 말을 사용하지 않는 타지 사람에게는 생소하여 사투리로 인식 되고 있다. 사투리가 아닌데 사투리가 되어 버린 것이다.

그런데 부산에서 쓰이는 '짝지'는 '짝꿍'과 미묘한 차이가 있다. 부부가 배우자를 칭할 때 '짝지'라는 단어를 사용하는 경우가 많기 때문이다. 여성이면 남편을, 남성이면

아내를 '짝지'라고 하는 거다. 물론 '짝꿍'이라는 말도 배우자를 대상으로 사용하지만, 빈도를 보았을 때 '짝지'가 더 자주 쓰인다. 애인을 칭할 때도 '짝지'를 은유적으로 사용하는 경우가 종종 있다. 부산에서 '짝지'라는 말은 '짝꿍'보다 넓은 의미를 가지며, 친밀함을 강조한다고 볼 수 있다.

부산 출신의 우리나라 최초의 대중 가수인 현인을 기념하는 현인가요제 본선에 진출했던 노래가 있다. <짝지>라는 노래다. 부산 사투리로서 '짝지'가 담고 있는 상대에 대한 친밀함, 소중함을 잘 표현한다. '짝꿍'이라고 바꾸면 뭔가 어색하고 심금을 울리기에는 부족한 느낌이 드는 것 같다.

짭다

단어 활용

"국이 짭다. 물 좀 타야겠다."

단어 정의

짜다는 뜻의 형용사.
입맛과 기분을 동시에 좌우하는 부산식 맛 표현.

길이가 '짧다'라는 뜻은 아니다. 먹거리가 있을 때 주로 사용하는 표현이다. 다시 말해 '짭다'는 표준어 '짜다'의 사투리로, 음식의 짠맛이 강하다는 의미를 가진다. 주로 경상도에서 사용되며, 맛을 표현할 때 '짜다' 대신 '짭다'라는 단어를 사용하는 경우가 많다.

예를 들어 "아, 이 김치 짭다" 혹은 "너무 짭네"와 같은 표현은 짠맛의 강도를 직관적으로 전달한다. 또, '짭다'는 음식의 맛을 넘어 강도나 세기를 나타내는 데에도 사용한다. 감정이나 상황을 표현하는 데까지 그 의미가 확장되었으며, 비유적인 표현으로도 활용된다.

'짭다'의 어원에 대해서는 다양한 해석이 존재한다. 일반적으로는 음운 변화의 결과로 설명할 수 있다. 표준어 '짜다'에 감탄형 접미사 '-바'가 결합하여 '짜바'와 같은 형태가 되고, 이것이 자음화되어 '짭다'로 변화했다는 견해가 유력하다. 이는 경상도 방언에서 나타나는 음운 변화의 특징으로 볼 수 있다. 예컨대 표준어 '쓰다'가 경상도 방언에서는 '시겁다'로 변형되었다가 다시 '씹다'로 바뀌는 사례도 음운 변화의 연장선상에서 이해할 수 있다.

뉴스 기사에서도 '짭다'가 사용된 사례를 종종 찾아볼 수 있다. 예를 들어 "하나도 짜도 안 하구만, 짭다 해요"라는 표현은 사투리 특유의 유쾌함과 지역적 특성을 잘 드러낸다. 또한, "오늘은 좀 짭네"라는 대화에서 사용된 '짭다'는 단순히 맛에 대한 평가를 넘어 상대방과의 친밀한 소통을 형성하는 요소로 작용한다. 이처럼 '짭다'는 언어 표현에서 지역적 유대감과 친근감을 전달하는 역할을 하며 일상 대화를 더욱 생동감 있게 만든다고 볼 수 있다.

'짭다'라는 사투리는 단순히 음식이 짜다는 의미를 넘어, 부산, 울산, 경남의 정체성과 언어의 다양성을 담은 소중한 문화적 자산이다. 사투리는 그 지역의 자연환경, 역사, 그리고 사람들의 삶과 깊이 연결되어 있으며, '짭다'와 같은 표현은 지역 주민 사이에서 유대감을 형성하고 정체성을 강화하는 데 중요한 역할을 한다.

쪽자

단어 활용

"쪽자에 설탕 녹여서 달고나 해 먹자!"

단어 정의

작은 국자이자 추억의 과자.
부산에서는 '조리 도구'와 '달고나'를 뜻하는
두 얼굴을 가진 단어.

두 글자 사투리 　　　　　　　　　　　　쪽자

조리 도구와 아이들이 즐겨 사 먹는 과자, 두 가지 의미로 쓰인다. 조리 도구를 일컫는 '쪽자'는 보통 '국자'와 대응해서 쓰지만, 두 단어는 엄연히 다르다. '국자'는 국을 푸는 도구로 비교적 큰 것이고, '쪽자'는 음식을 덜어 먹거나 할 때 사용하는 작은 국자를 의미한다. '쪽배', '쪽방', '쪽박'처럼 작은 것을 의미하는 '쪽'이 앞에 붙었다.

이 작은 국자를 사용해서 만드는 과자, '쪽자'가 있다. 어릴 때 학교 앞 문방구 근처에서 좌판을 펼쳐 놓고 만들어 팔던 추억의 과자다. 작은 국자에 설탕을 넣고 녹인 후, 마법의 하얀 가루인 소다를 넣어서 저으면 부풀어 오른다. 그것을 넓적한 철판에 붓고, 둥근 모양의 판판한 철판으로 가볍게 눌러 납작하게 만든다. OTT 드라마 <오징어 게임> 덕분에 세계적으로 유명해진 K-과자다.

부산에서는 과자인 '쪽자'를 만들 때 설탕을 녹인 후 소다를 넣어 저은 뒤 철판에 붓지 않고 덩어리로 먹으면 다르게 부른다. 색깔과 모양 등 외형 때문에 '똥과자'라고도 하고 여기에 설탕 가루로 버무린 것은 '도나쓰'라고 한다.

과자인 '쪽자'를 서울에서는 '달고나'라고 부른다. 경기도 일대에서는 '뽑기', 강원도에서는 '찍어 먹기', 경북에서는 '국자', 마산에서는 '오리떼기', 전주에서는 '띠기', 순천에서는 '띠고 못 띠고'라고 칭한다. 경기도에서 부르는 '뽑기'는 부산과 달리 사용되는 것 같다. 설탕을 녹여서 금붕어나 칼, <로보트 태권V> 캐릭터 등의 모양으로 굳힌 과자를 말하는 것 같다.

'달고나'는 맛에서 비롯한 사투리고, '쪽자'는 사용 도구를 형상화한 것이다. '뽑기'라는 사투리도 바늘이나 옷핀으로 조심스레 과자 모양을 만들어서 잘 뽑았다는 데에 기인했다고 생각한다.

'달고나'가 처음 등장한 곳은 한국전쟁 시기에 미군의 원조 식량이 들어오던 부산항이라고 알려져 있다. 설탕을 녹여 만든 길거리 간식, '스트리트 푸드(Street Food)'로 등장한 것이다. 발생지인 만큼 부산에서는 여러 가지 단어로 불리는 것이 아닐까 한다.

찌짐

단어 활용

"비 오는 날은 찌짐 부쳐 묵어야지."

단어 정의

부침개를 칭하는 말.
기름 냄새와 함께 퍼지는 어머니의 정.

장마철이면 떠오르는 음식이다. 빗소리를 들으며 불에 달군 프라이팬에 식용유를 붓고, 찌짐 반죽을 국자로 떠서 올려놓으면 지글지글 '찌짐'이 부쳐진다.

'찌짐'은 원래 '지지다'에서 왔다. '지지다'는 불에 달군 판에 기름을 바르고 전이나 부침개 등을 부쳐서 익히는 조리법을 의미한다. 국물을 조금 붓고 끓인다는 의미도 있는데, 이때 '찜'이 된다. 기름을 두른 프라이팬에 구워 내는 '지지다'의 명사형이 '찌짐'인 거다.

'부침개'는 '전' 또는 '찌짐'이라고 한다. 부침개는 꾸덕한 반죽 물에 여러 재료를 넣어 만든 음식이고, 전은 동태전이나 육전처럼 밀가루나 부침가루 등으로 겉껍데기를 입혀 구운 요리다. 단, 김치 부침개와 김치 찌짐은 거의 같은 음식이고, 동래 파전은 부침개 형식이지만 전이라고도 부르니 구분이 쉽지 않다.

부산 사투리 '찌짐'은 우리나라의 자랑스러운 외행어다. '외래어(外來語)'는 외국에서 들어온 말이라고 한다면, '외행어(外行語)'는 우리나라에서 나간 말이다. 요즘은 K-컬처 등을 통해 다양한 말이 외국에 알려지고 있는데, 빠르게 일본에 진출한 단어다. 일본에서 '찌지미(チヂミ)'라고 하는 음식은 부산의 정구지 찌짐과 비슷하게 생겼다. 일본에서

는 모든 '부침개', 즉 전이든 찌찜이든 전부 '찌지미'라고 이야기한다.

'찌짐'은 요리명으로만 사용되는 게 아니다. '모임이 흐지부지되었다'라는 의미로도 쓰인다. 예를 들어, 친구와 이야기하다가 그 모임은 어떻게 되었냐고 물어볼 때, "그 모임, 찌짐 됐다 아이가"라고 답하는 식이다. 찌짐의 흐물흐물한 느낌이 전달되는 것 같다.

또 다른 사용법이 있다. "과음으로 어제 찌짐 부쳤다"라는 식으로도 쓰인다. '찌짐 부쳤다'가 '토했다'로 사용된 것이다. 이는 부산만의 재치 있는 표현이라고 생각한다.

퍼뜩

단어 활용

"퍼뜩 안 오고 뭐 하노. 시간 다 됐다!"

단어 정의

'빨리'를 뜻하는 부산식 재촉.
급할수록 진심이 담긴 말투.

우리는 어떤 민족일까? 백의민족(白衣民族)? 배달의 민족? 둘 다 맞지만, '빨리빨리'의 민족이다. 여기서 '빨리빨리'에 해당하는 사투리 '퍼뜩'은 주로 경상도 사람이 사용하는 단어다. 어르신이 가족이나 지인을 부를 때 "퍼뜩퍼뜩 안 오고 뭐 하노?"라는 식으로 사용한다.

표준국어대사전에서 찾아본 '퍼뜩'은 우리가 알던 '퍼뜩'과 비슷하면서 다르다. 사전적 의미는 '어떤 생각이 갑자기 아주 순간적으로 떠오르는 모양'이다. 빠르게 무언가 생각나면 '퍼뜩 떠올랐다'라고 한다. 부사로서 문장에 감칠맛을 더한다. 다른 의미로는 '어떤 물체나 빛 따위가 갑자기 아주 순간적으로 나타나는 모양'이 있다. 예를 들면 "골목 한구석에 웅크리고 있는 개 한 마리가 퍼뜩 눈에 띄었다"가 있다. 마지막으로 '갑자기 정신이 드는 모양'의 의미도 지니며, "찬물로 세수하니 정신이 퍼뜩 들었다"라고 사용한다.

부산, 울산, 경남에서 '퍼뜩'은 앞서 설명한 표준어의 사전적 의미와는 약간 다르게 '시간을 끌지 아니하고 바로'라는 뜻으로 사용한다. 표준어 '얼른'의 사투리인 것이다. '빨리', '얼른'이라는 의미다. 예를 들어 "퍼뜩 온나", "퍼뜩퍼뜩 하래이"라고 할 수 있다. 영화 <범죄와의 전쟁>의 한 장면이 떠오른다. 최민식(최익현 역)이 하정우(최형배 역)에게 "형배 마! 니 퍼뜩 절 안 하나!"라고 하는 대사가 있다.

'퍼뜩'을 인터넷에 찾아보니 상호로 사용하는 곳이 있다. 김치찌개 가게부터 철물점 등 다양하다. 빠르게 찌개를 끓여서 줄 것 같고, 필요한 철물을 발바닥에 땀이 날 만큼 빨리 배달해 줄 것 같다. 경북에서는 '버뜩', 강원에서는 '퍼딱' 또는 '퍼뚝'이라는 말로 바꾸어 사용하는 것 같다.

하모

단어 활용

"하모, 니 말이 딱 맞다카이."

단어 정의

강한 동의를 표현할 때 쓰는 말.
찰진 리듬감으로 주고받는 부산식 추임새.

젊은 사람보다 어르신이 사용하는 경우가 많다. '하모'는 표준어로 하면 '아무렴', '그렇지', '그럼' 정도가 될 것 같다. 상대방의 말에 긍정할 때 사용하는 말이다. 긍정이나 수긍의 의미를 친근하게 표현하는 데 쓰기 좋은 사투리다. "하모, 하모"라고 반복함으로써 강한 긍정을 나타내거나 "하모예"처럼 뒤에 '-예'를 붙여서 쓰는 경우도 많다.

'하모'는 부산과 경남에서 사용하는 사투리다. 유래는 확실하지 않다. 몇 가지 가능성을 소개하자면, 중세 국어 '호마'가 변형되었다는 설이다. '호마'는 본래 '이미, 벌써'라는 뜻을 지닌 말인데, 이것이 어떠한 연유로 '하마' 그리고 '하모'라고 발음된 것이다. 다음으로 일본어에서 유래했다는 설이다. 일본어로 '가모(かも)'라는 부사가 있다. 이는 어떤 일에 대하여 반반의 가능성을 표현할 때 쓰는 말이다. 굳이 번역하자면 '-일 수도'라는 뜻이다. 이러한 '가모'의 발음이 바뀌어 '하모'가 되었다는 설이 있다.

앞에서 소개한 부산 사투리에 비하면 '하모'는 소리가 부드럽고 귀엽다. 상대에 대한 긍정이 바탕이라서 어감도 좋다. 그래서인지 작년에 부산관광공사에서 부산을 세계에 홍보하기 위해 만든 캠페인 영상에도 사용되었다. 영상의 이름은 '에헤이 마 하모'다. '에이 걱정 마라 이 사람아 다 잘될 거야'라는 뜻을 담으려 했다고 한다.

'하모'의 뉘앙스 덕분에 부산뿐만 아니라 다른 지역에서도 홍보를 위해 사용한다. 대표적인 곳이 진주시다. 진주시는 머리에 조개껍데기를 얹고 목에 진주목걸이를 두른 수달을 관광 캐릭터로 개발하여 활용하고 있는데, 이 수달의 이름이 '하모'다. '고민이 있는 사람들에게 희망의 메시지를 전달하며 용기를 주는 캐릭터'로 만들어졌다고 한다. 최근에는 어르신들을 보살피는 돌봄 로봇의 이름도 '하모'라고 지어서 시범적으로 사용하고 있다고 한다. 간단한 대화로 말동무가 되어 주고, 사투리로 대화하는 것도 가능하다. '하모'는 마음이 따뜻해지는 사투리다.

항거

단어 활용
"다라이에 물 항거 담아 놔라."

단어 정의
'많이', '가득'이라는 뜻을 담은 사투리.
'한가득'이라는 단어에서 유래한 풍성함의 언어.

두 글자 사투리 항거

과일 가게에 가서 "채소 항거 주이소"라고 말하면 알아 듣지만, 요즘 젊은 사람은 잘 사용하지 않는 표현인 것 같다. 그래도 부산, 울산, 경남의 여기저기서 들려오는 '항거'는 '가득'의 의미로 쓰이는데 '양이 많은 것'을 뜻한다. "그릇에 항거 담아 주께"라는 식으로 말할 수 있다.

'항거'의 사전적 의미를 찾아보면 경남의 방언으로, '많이'를 뜻하는 부사라고 나온다. 주로 물건이 '많다'는 의미지만, 이외에도 사용은 가능하다. "갑자기 차가 깜빡이도 안 넣고 훅 들어와서 욕을 항거 해 줬다"처럼 '욕', '칭찬' 같은 비물질적인 대상에도 붙는다.

'항거'의 어원은 학자에 따라 여러 가지로 볼 수 있는데, 크게 두 가지다. 일부 명사 앞에 붙어서 '큰'의 뜻을 나타내는 접두사라고 볼 수 있다. '한길', '한글' 등이 있다. 이 접두사 '한-'과 물건을 가리키는 '것'이 합쳐져 '항거'가 되었다고 볼 수 있다. 여기서 접두사 '한-'은 순우리말로 '크다', '많다'라고 해석할 수 있다.

두 번째로 일부 명사 앞에 붙어서 '가득한'의 뜻으로 사용한다. '한아름'과 '한가득'이란 단어가 여기에 해당한다. '한가득'의 발음이 변화하여 '한그득', '한그', '항그', '항거'가 되었다고 볼 수 있다. 포항, 경주, 영천 사투리에서 '항그'가 '가득', '그득'의 형태로 사용되는 걸 보면 이렇게 변하했다고 유추할 수 있다.

'항거'는 경남에서는 '항그시', '항거시', '항거석', '항거슥', '마이' 등으로 사용한다. 경북에서는 '항그', '항그시'처럼 사용한다. 제주도에서는 우리가 잘 아는 사투리 '하영', '하양'이 '항거'와 같은 어원으로 사용된다. 전라도에서는 '한나'라고 사용되기도 하고, 평안남도에서는 '한머사니'라고 하는 것을 보았을 때 접두어 '한-'에 비롯되었다고 볼 수 있을 것 같다.

풍성한 의미를 나타내는 사투리 '항거'는 외지인이 뜻을 유추하기 쉽지 않지만, 친근함이 느껴진다.

헐타

단어 활용

"이 신발 헐타, 싸게 줄게."

단어 정의

'값이 싸다'라는 의미.
시장 골목 간판에 쓰일 만큼 정감이 넘치는 물가 표현.

쓰잘데기 있는 사전

외지인은 오해하기 쉬운 단어다. 십중팔구 '헐타'라는 발음의 뉘앙스에서 짓무르거나, 낡아서 상태가 좋지 않다는 뜻으로 이해한다.

부산에서 '헐타', '헐심더' 등으로 사용하는 말은 '헐하다'에서 유래했다고 볼 수 있다. '싸다'라는 의미의 고유어다. '헐하다'는 '헗다'로 쓰이는 말이라서, 어근 '헐'과 '하다'가 합쳐진 단어다. '헐(歇)'은 '쉬다', '마르다', '다하다'라는 의미의 한자인데, 우리말에서는 '값이 싸다', '죄에 비해 처벌이 가볍다' 등으로 사용한다. 이 말은 부산을 비롯한 경상도에만 활발히 쓰인다.

한때 화제가 된 사진 한 장이 있다. 신발을 파는 노점상 앞에 '헐심더'라고 적힌 종이가 놓여 있는 모습이다. '헐타'의 문장 끝이 변화하여 '헐심더'라고 사용한 것이다. '-심더'는 부산 사투리로 '-습니다'라고 이해하면 된다. 외지인이 보면 '이 상품은 헐었습니다'로 받아들인다. 실은 싸고 저렴하여 좋다는 의미다.

'헐타'라는 사투리는 부산에서 중년 여성의 사용 빈도가 높은 단어다. 젊은 사람은 알아듣기는 하지만 자주 사용하지는 않는 것 같다. 다른 지역에서 볼 수 없는 이 '헐타'는 부산 사람들이 매우 좋아하고 아끼는 단어인 것 같다.

부산의 가게 간판에도 종종 등장한다. '억수로 헐네', '헐타', '헐심더'라고 하는 것을 볼 수 있다. 질 좋고 저렴하다는 것을 내세우는 것이다.

전통시장에서 "이모 헐케 해 주이소"라고 말하면 흔쾌히 깎아 준다. 이처럼 '헐타'는 우리가 장을 보거나 물건을 살 때 자주 듣고 사용하는 말이다. 그런데 한 가지 재밌는 사실은 이 '헐타'가 이북 함경북도에서 비슷한 형태로 남아 사용되고 있다는 것이다. 이북 발음은 '헐따'인데, 함경북도는 직설적이고 말이 빨라서 화내는 듯하지만, 정이 넘치는 곳이다. '헐타'는 정감 어린 사투리인 것 같다.

홍감

단어 활용

"그 옷은 홍감시러버서 안 입는다."

단어 정의

실제보다 과장되거나 오버하는 행동을 말할 때 쓰는 표현.
'호들갑'에 가까운 단어.

'흥감' 자체보다는 '흥감스럽다', '흥감부리다'와 같은 형태로 사용하는 경우가 많다. 부산에서 산 지 11년이 넘어서 알게 된 사투리다.

부산에도 눈이 올 만큼 추운 날씨인데도 불구하고 겉옷이 얇아 보이는 동료가 옆에 있었다. "그렇게 입고 안 춥냐, 롱패딩 같은 것 입어야 하는 거 아니냐?"라고 했더니 "아무리 추워도 롱패딩은 흥감시러버서 못 입겠다"라고 말했다.

'흥감시럽다'라는 말이 무엇인지 몰라서 '롱패딩을 산 지 오래되었다', 그러니까 '헌것'이라 못 입겠다는 뜻인가 했다. '헌감'이라고 들은 것이다.

'흥감'은 표준어로, 표준국어대사전에서 '넌덕스러운 말로 실지보다 지나치게 떠벌리는 짓'이라고 정의한다. '넌덕스럽다'는 '너털웃음을 치며 재치 있는 말을 늘어놓는 재주가 있다'라는 뜻이다. 그러니깐 '흥감'은 '능청맞은 말로 사실보다 과장해서 떠벌림'을 나타내는 말이라고 할 수 있다. 우리가 흔히 쓰는 말로는 '호들갑', 요즘 말로는 '오버한다'라고 할 때의 '오버'와 비슷하다.

'흥감하다', '흥감스럽다', '흥감스레' 모두 비슷한 의미로 표준국어대사전에 등재되어 있다. 다만 일상에서 '호들갑

떨다', '오버한다'와 같은 의미로 사용하는 것은 거의 부산을 포함한 경상도에 한정된다. '흥감'은 사투리는 아니지만 사용 빈도 등을 보았을 때, 지역성을 많이 띠는 단어다. 사투리가 아닌 사투리라고도 표현할 수 있다.

'흥감시럽다'라는 말을 사용할 때 억양을 들으면 '딱 별로'라는 것이 느껴진다. 부산 사람이 추구하지 않는 모습이 '흥감시러븐' 모습이고, 그러한 부산 사람의 정서를 잘 표현하는 말이 바로 '흥감'인 것 같다.

쓰잘데기 있는 사전

세 글자
사투리

입에 착 감기는 말,
세 글자에 담긴 부산의 속살.

**툭 내뱉으면 정이 되고,
툭 들으면 웃음 나는 부산 말의 중심이다.**

개우지

단어 활용

"앞니 빠진 개우지 우물가에 앉았네."

단어 정의

'개호주' 즉, '호랑이 새끼'를 뜻하며,
어린이의 앞니 빠진 모습을 귀엽게 놀리는 말.

어린 시절 앞니를 뽑고 난 후에 어르신들이 "앞니 빠진 개우지"라며 놀렸던 기억이 있을 것 같다. 이처럼 젖니가 빠진 아이를 놀릴 때 주로 "앞니 빠진 개우지"라는 표현을 썼다.

'개우지'는 호랑이 새끼를 뜻한다. 호랑이 새끼를 표준어로 '개호주'라고 하는데, '개호주'라는 말이 경상도에서는 '개우지'로 발음이 바뀌어 불린다.

'개우지(개호주)' 외에도 동물의 새끼를 일컫는 용어는 다양하다. 강아지, 송아지, 망아지처럼 어린 동물의 이름이 널리 알려진 것도 있고, '개호주'처럼 알려지지 않은 이름도 많다. 곰의 새끼가 능소니, 꿩의 새끼가 꺼벙이, 고등어의 새끼는 고도리, 갈치의 새끼는 풀치, 농어의 새끼는 껄떼기 등과 같이 사용한다.

'개우지'는 이빨 빠진 아기 호랑이처럼 예쁘고 귀엽다는 말이다. 귀여운 모습을 형상화한 말인데, 어릴 때 이빨 빠진 모습을 보고 그저 놀린다고만 생각해서 감정이 상한 기억이 있다.

이갈이 노래 중 유명한 노래가 두 개 있다. 가장 유명한 것은 "까치야 까치야 헌 이 줄게 새 이 다오"다. 그리고 "앞니 빠진 개우지 우물가에 앉아 물만 퍼먹고 있네"라며 부르는 노래도 있다. 사실 <앞니 빠진 개우지> 노래는 여러 개의 버전이 있는데, 다양한 가사가 재미있다.

지역에 따라 '개우지' 외에도 표준어인 '개호주'를 사용하기도 한다. 특히 강원도에서는 '갈가지', 경남에서는 '개오지', 경북에서는 '납닥바리', 황해도와 전라도에서는 '도장구'를 쓴다. 그리고 정체 모를 '갈강새', '금강새', '깔범' 등 다양한 어휘가 전국에 등장한다. 전래동요에도 풍부한 사투리가 사용되다 보니 훨씬 맛깔난 지역의 고유문화가 만들어진다.

곡각지

단어 활용

"곡각지 지나서 오른쪽으로 꺾어라."

단어 정의

도로가 꺾인 지점을 가리키는 표현.
부산 골목길 특유의 공간어로, 교통문화와 연결.

세 글자 사투리 곡각지

부산에서는 교통 행정, 도로 행정과 관련해서 많이 쓰이는 단어다.

'곡각지'는 한자로 이루어진 말이다. '굽을 곡(曲)'에 '뿔 각(角)', '땅 지(地)'가 붙었다. 풀이하면 길에서 각도가 어느 정도 심하게 굽어 있는 지점이라고 할 수 있다. 교차로의 가장자리, 도로의 모퉁이를 뜻한다.

'곡각지'가 쓰이는 사례를 보면 많은 경우 안전과 관련이 있다. 예를 들어, "곡각지에는 주정차를 금지한다"라는 말이 있다. 또는 "곡각지에서 감속해야 한다"처럼 쓰인다. '곡각지'는 도로나 길에서 각도가 있게 굽어진 지점이다 보니 일단 사각지대다. 그래서 주의를 환기하고 조금 더 나아가 일종의 경고를 보낼 때 쓰인다.

다른 지역에서는 '곡각지' 대신 '도로 모퉁이' 또는 '도로 모서리'라고 한다. 도로교통법에서도 '도로 모퉁이'라는 표현을 사용한다. 과거에는 한자어를 많이 사용해서 '곡각 지점'이라는 형태로 쓰였지만, 오늘날의 '곡각지'라는 말은 부산, 울산, 경남 정도인 것 같다.

'곡각지'는 부산이라는 도시의 역사와 현재 모습을 잘 나타내서 생명력을 갖고 계속해서 쓰이는 것 같다. 산복도로로 대표되듯이 도시 중간중간에 산이 위치하고 인구

증가에 따라 사후에 도로가 만들어진 곳이 많은 부산은 다른 어떤 도시보다 '곡각지'가 많다. 그만큼 운전하고 길을 건널 때 조심해야 한다.

과거 영도에는 '이송도 곡각지'라는 정류장이 있었다. 지금은 그 유명한 '흰여울문화마을'이라는 이름으로 바뀐 버스 정류장이다. 이송도에 있는 삼거리가 제법 각도가 급하게 꺾은 삼거리로 이루어져서 '이송도 곡각지'라는 이름의 정류장이 탄생한 것 같다. 이러한 유래만 봐도 '곡각지'라는 사투리는 부산의 역사와 지형의 특색을 고스란히 담고 있으며, 지금까지도 빈번히 사용되고 있음을 알 수 있다.

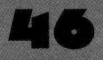

공구다

단어 활용

"아를 와 공구노. 하루 종일 괴롭히네."

단어 정의

원래는 '괴어 두다', '고정하다'라는 뜻이지만,
의미가 확장되어 '가두다', '괴롭히다'까지
아우르는 입체적 표현.

'공구다'는 기본형보다는 주로 "공가 주이소"처럼 다른 서술어와 사용되는 경향이 있다. "상 밑에 책으로 공가 주이소"라는 식이다. '공가라'는 '괴어라'라는 의미다. 젊은 세대는 잘 사용하지 않지만, 종종 듣게 되는 말이다.

'괴다'는 표준국어대사전에서 '기울어지거나 쓰러지지 않도록 아래를 받쳐 안정시키다'라고 정의한다. '공구다'의 어원은 밝혀져 있지 않지만, 언어학자적 마인드로 유추해 보면 빈 공간이라는 의미의 '빌 공(空)' 자에 '괴다'가 합쳐졌을 가능성이 있다.

'공구다'의 대체 표현으로 '낑가라'를 사용할 수 있다. '낑구다'는 '끼우다'의 경상도 사투리다. '공구다'를 대체해서 쓸 수 있는 표현이다. 최근에는 이 표현을 많이 사용하는 것 같다. '공구다'와 '낑구다'가 똑같은 말은 아니지만 '낑구다'가 더 넓은 의미를 지닌다고 할 수 있다.

'공구다'의 다른 의미로 '가두다', '구석으로 몰다', '꼼짝 못 하게 하다'라는 뜻도 있다. 앞선 '고정시키다'의 '공구다'라는 표현보다 빈도가 낮지만, 사용하지 않는 것은 아니다. 움직임이 있는 무엇인가를 '가두다'라는 의미가 있다.

또 다른 의미의 '공구다'는 방금 설명한 '가두다'의 어휘에서 파생한 의미로 볼 수 있다. 여기서 사용하는 '공구다'

는 '괴롭히다', '갈구다'의 의미로 사용하는데, "누구누구를 공가라"라고 하면, '누군가를 괴롭히다'라는 의미가 된다. 부산이나 경상도 사투리가 많이 나오는 영화나 드라마에서 종종 들은 "공가 뻴라"는 '때릴까 보다', '괴롭힐까 보다'와 같은 의미다. 가끔 어르신들이 "아를 왜 그렇게 공구노"라고 말씀하신다.

'공구다'는 물건을 '괴다', '고정시키다'라는 의미에서 시작하여, 움직이는 무엇인가를 '도망치지 못하게 가두다', 또는 '사람을 괴롭히다'처럼 의미가 확장된 것을 확인할 수 있다. 나쁜 의미의 '공구다'가 아닌, '물건을 괴다'라는 의미만으로 사용하면 충분한 것 같다.

깨라다

단어 활용

"문 좀 깨라라. 짐 무겁다 아이가!"

단어 정의

'끄르다'에서 파생한 표현으로,
잠긴 문이나 병뚜껑을 여는 섬세한 동작에
특화된 사투리.

"라면 좀 끼리 줘" 할 때 쓰는 '끓이다'의 사투리 '끼리다'와 비슷해 보이지만, 의미가 다르다. '깨라다'는 '열다'라는 뜻을 지닌 사투리다. 예를 들어 양손에 무언가를 잔뜩 든 상태에서 "짐이 무거우니깐 문 좀 빨리 깨라 봐라" 또는 맥주병을 가리키며 "아 목이 너무 마르다. 맥주 좀 얼른 깨라 도"라는 식으로 쓰인다. 부산에서는 '끼라다'라는 식으로도 많이 사용한다.

'깨라다'는 '끄르다'에서 유래한 말이다. 무언가 맨 것을 풀거나 잠긴 것을 열 때 사용한다. 이 '끄르다'가 발음하기 쉽게 변해서 사투리가 된 것이 '깨라다' 또는 '끼라다'다. '끄르다'는 지역마다 발음이 변하는 방식으로 사투리가 된 경우가 많다. 제주에서는 '크르다', '클르다'라고 한다.

부산에서 '깨라다'가 쓰이는 경우를 보면 '열다'와는 조금 다르다. '깨라다'는 '봉해져 있거나 잠겨 있는 것을 열다'라는 의미를 지닌 사투리다. 문이나 병 같은 것이 자물쇠, 뚜껑에 의해 구속된 상태일 때 그것을 열쇠나 병따개, 사람의 손으로 열 때 '깨라다'라고 할 수 있다. 그냥 밀어서 문을 열 때는 '깨라다'가 어울리지 않는 것 같다.

영어로 하면 'Open'이 아니라 'Unlock'에 가깝다. 이는 '깨라다'의 유래가 '끄르다'라는 사실을 생각하면 납득이 간다. '끄르다'는 매듭, 단추 등과 같은 것을 대상으로 쓰인다. 묶여 있고 잠겨 있는 상태에 사용하는 것이다. 여기에서 '깨라다'의 쓰임에 대한 수수께끼도 답을 찾을 수 있다.

'깨라다'는 '열다'를 사용할 대상의 상태에 따라 쓸 수 있다는 점을 봤을 때, 섬세한 사투리라고 할 수 있다. 무언가를 연다고 해도 다 같지 않다는 것이다. 부산 사투리의 또 다른 얼굴을 보여 주는 표현이다.

끼리다

단어 활용

"라면 좀 끼리 도. 배고파 죽겠다."

단어 정의

'끓이다'의 경상도형 사투리.
발음의 경제성을 보여 주는 대표적인 예.

경상도 지역민 사이에서 '끼리다'는 익숙한 단어다. 부산에서 나고 자란 사람은 '끼리다'라는 말이 문법을 배우기 전까지 사투리인지 인지하지 못하기도 한다. '끼리다'는 '끓이다'의 사투리로, 여러 지역에서 사용한다. 예를 들어 "물 좀 끼리 도"는 "물 좀 끓여 줘"라는 의미다.

'끓이다'가 '끼리다'로 변형된 이유는 알 수 없다. 모음 조화 및 발음의 편의성 측면에서 지역 사투리는 발음을 쉽게 하기 위해 음이 바뀌는 경우가 많다. 특히 경상도 사투리는 발음을 간략화하거나 쉬운 발음으로 바꾸는 경향이 있다. 어간과 어미의 변화에서 '끓이다'에 'ㅎ'이 탈락하여 '끌이다'로 바뀌고, 연음 법칙 현상이 일어나 '끄리다'의 모음 'ㅡ'보다 편한 'ㅣ'로 변화하여 '끼리다'가 되었다고 추측할 수 있다.

'끓이다'의 어간 '끓'이 '끼리'로 변형되면서 보다 발음하기 쉬운 형태가 되었다. 이는 사투리에서 자주 나타나는 현상으로 발음의 경제성 원칙을 추구하는 경향에서 발생했다고 볼 수 있다. 따라서 '끄리다'보다 '끼리다'가 발음하기에 더 편리해서 '끼리다'가 됐을 수 있다. 이런 예는 "그림 함 기리 봐라"처럼 사용되는 '그리다'에도 보이는 현상이다.

'끓이다'는 '끓다'의 사동사, 즉 남이 행동하게 하는 동사다. '끓이다'의 뜻은 '액체를 몹시 뜨겁게 해 소리를 내면서 거품이 솟아오르게 하다'로, '끼리다'의 활용이 가능하다. 다른 뜻으로는 '어떤 감정을 강하게 솟아나게 하다'의 의미가 있지만, 여기에는 '끼리다'를 사용하지 않는다. '애간장을 끓이다'라는 표현이 있는데 여기에 적용하여 '애간장을 끼리다'라고는 쓰기 어렵다. 따라서 '끼리다'가 '끓이다'의 모든 뜻을 대체할 수 있는 것은 아니며, 주로 물질적인 무엇을 '끓이다'로 사용할 경우에만 쓴다고 보면 된다.

'라면 끼리는 남자'라는 의미의 예능 프로그램인 <라끼남>에도 쓰인 표현이다. 여기서 '끼리다'가 유명세를 치렀고, 전국구 사투리가 되었다고 볼 수 있다.

난닝구

단어 활용

"이 추운데 또 난닝구 바람이가?"

단어 정의

얇은 민소매 속옷을 뜻한다. 지역 간 언어 차이를 보여 주며,
일본어 '란닝구'에서 온 말.

세 글자 사투리 난닝구

일교차가 큰 계절에 어른들께 "난닝구 바람으로 싸돌아댕기믄 감기 든다"라는 말을 종종 들어 봤다. '난닝구'는 보통 겉옷 안에 입으며, 민소매에 목이 둥그렇게 파인 형태의 상의 속옷이다. '난닝구만 입는다'라는 문장은 말 그대로 그것만 입는다는 의미도 있지만, '옷을 얇게 입는다', '기온에 맞지 않게 입었다'라는 뜻이 있다.

'난닝구'는 일본어 '란닝구(ランニング)'에서 유래한 사투리다. '란'이 두음법칙에 따라 발음이 쉽도록 '난'으로 바뀐 것이다. '란닝구'는 영어의 '러닝', 즉 '달리기', '달림'에서 유래했다. '러닝(Running)'을 일본식으로 발음하면 '란닝구'가 된다.

부산은 '란닝구'에서 온 '난닝구'를 많이 쓰고, 서울에서는 '러닝'이 바뀐 '런닝'을 사용한다. 일본어 '란닝구'는 '란닝구 샤츠', 영어로 하면 '러닝셔츠'를 줄여서 부르는 말이다. 뜻을 풀어 보면 '달리기 셔츠'다.

영어의 '러닝셔츠'는 '난닝구'랑은 다르다. '러닝셔츠'는 달리기를 비롯하여 각종 운동을 할 때 입는 기능성 운동복이라고 생각하면 된다. 1900년대 초반 일본에서 '러닝셔츠'로 현재의 '난닝구'와 같은 형태의 상의를 추천한 것에서 유래한다.

쓰잘데기 있는 사전

'난닝구'와 비슷한 것으로 '메리야스'가 있다. 스페인어 'Medias' 또는 포르투갈어 'Meias'에서 유래했고 '양말', '스타킹'을 뜻한다. 신축성 좋은 직물이 일본으로 수입될 때 '메리야스'라는 말로 전해졌다. 이것이 속옷을 만드는 데 쓰이면서 한국에 '난닝구' 공장이 세워질 때 그 이름이 붙여졌다. 1946년 전주에 '메리야스' 공장이 세워졌고, 그곳에서 오늘날의 속옷 중 하나인 '난닝구'가 생산되면서, '난닝구'를 '메리야스'라고도 부르기 시작한다.

'난닝구'는 부산을 비롯하여 경상도 지역에서 많이 사용하고, 그 밖에는 전라도, 평안북도에서 쓴다. 재밌는 것은 재중 교포가 많이 모여 사는 중국 길림성에서도 '난닝구'를 사용한다고 한다.

50

납새미

단어 활용

"오늘 납새미 회 묵으러 가자!"

단어 정의

'가자미'를 뜻하는 말. 납작한 생김새에서 유래한 부산의 바다 식문화 언어.

'납새미'는 부산 지역에서 '가자미'를 일컫는 사투리다. '가자미'는 한국 연안에서 흔히 볼 수 있는 물고기 중 하나로, 부산 사람에게 특히 친숙한 생선이다. 이 생선은 주로 찜, 구이, 매운탕 등에 활용한다. 찬 바람이 불기 시작하는 계절에는 살이 차올라 더욱 고소한 맛을 자랑한다.

'납새미'라는 사투리는 생김새에서 유래한 것으로 추정한다. '납'은 '납작하다'는 뜻을 지니고 있으며, '새미'는 원래 잉엇과에 속한 물고기를 의미하지만, 여기서는 납작한 물고기를 지칭하는 사투리 표현으로 이해한다. 따라서 '납새미'는 납작하고 길쭉한 가자미의 외형을 직관적으로 표현한 이름이다.

부산 사투리의 친근하고 구체적인 언어 감각이 담겨 있어 정감 있다. 생선 이름의 끝에는 흔히 '-미', '-치', '-어'와 같은 접미어가 붙는 경향이 있다. 납새미, 자갈치, 고등어 등이 그 예에 해당한다. 이러한 명칭은 인물 묘사에도 자주 사용한다. '가자미눈을 치켜뜨다'라는 표현을 '납새미눈'으로 바꾸어 사용하는 경우도 있다.

'가자미'의 사투리가 '납새미'로 알려졌지만, 부산, 울산, 경남에서는 두 이름을 약간 구분한다. 가자미류는 가자미목에 속하는 넙치과, 가자미과, 서대과 등을 포함한다. 도

다리, 넙치, 서대 등 몇몇 종을 제외한 나머지 생선을 통칭하여 '가자미'라고 부르기도 한다.

'납새미'는 그중에서 특정 가자미 한 종류만을 지칭하는 경우가 많다. 반면, '가자미'라는 이름은 '넙치'처럼 넓적한 생선을 포함해 더 넓은 의미로 사용한다. 한 가지 흥미로운 점은, 생선 가게에서 납새미를 구매하려고 할 때 표기는 대부분 '가자미'로 되어 있다는 것이다. 즉, '납새미'라는 이름은 구어로 자주 사용하고, 문어에서는 사용이 드물다.

'납새미'는 단순한 식재료를 넘어 부산 사람의 삶과 해양 문화를 대표하는 상징적인 존재로 자리 잡고 있다. 부산의 어시장에서 다른 지역과는 달리 신선한 상태로 거래하며, 소규모 어업인들에게 주요 소득원으로 자리 잡고 있다.

널찌다

단어 활용

"핸드폰을 널쭐 뻔했네."

단어 정의

물건을 의도치 않게
아래로 떨어뜨리는 상황에서 쓰이는 표현.

세 글자 사투리   널찌다

한때 인터넷상에 '경상도 사투리 능력 고사'라는 테스트가 유행했다. 여기에 '널찐다'라는 문항도 나오는데, '떨어진다'라는 의미다.

사투리 '널쭈다'는 '널찌다'의 활용형이다. '널찌다'는 '떨어지다'라는 뜻이고, '널쭈다'는 '떨어트리다'라고 볼 수 있다. "핸드폰을 손에서 널쭐 뻔했네"처럼 사용한다. '늘찐다', '늘쭌다'라고 발음하는 사람도 있다.

경상도에서는 아래로 떨어지는 모습을 나타내는 표현으로 '너러지다', '널찌다', '니찌다'라고 한다. 이 가운데 '널찌다'가 가장 폭넓게 사용하는 어휘다. '어떤 물건이 위에서 아래로 내려지다' 또는 '따로 갈라지다'로 사용한다.

'널찌다'의 어원을 유추해 보면 이렇다. '물체가 당기는 힘으로 길어지다', '아래쪽으로 처지다'의 뜻을 가진 '늘어지다'와 강조의 뜻을 더하는 접미사 '-트리다' 또는 '-뜨리다'의 결합이다. 강조를 나타내는 어휘 '-트리다' 또는 '-뜨리다'는 일상에서 많이 사용한다. '깨트리다', '떨어트리다', '망가트리다' 등이 있다. 강조 표현이 붙으면 심각한 상황처럼 느껴진다.

'널찌다', '널쭈다'는 물건을 대상으로 쓰인다. 간혹 추상적인 것에도 사용할 수 있다. 금리나 값, 성적, 등수 등이 있다. "니 성적이 와 이래 널찐노"처럼 쓰인다.

또 '떨어트리다'의 사투리 '널쭙다'에, '해 버리다'의 사투리 '-해 삐따'가 결합하여 '떨어트려 버리다'를 표현하면 '널짜 삐따'가 된다. 두 개의 경상도 사투리가 결합하여 강조되면서 더 강한 느낌이 된다.

'널쭈다'와 비슷한 뜻을 가진 '떨가다', '떨구다'가 있다. 행동에 고의성이 있는지 없는지에 따라 뉘앙스가 달라지는 것 같다. '널쭈다'는 실수로 인해 떨어트리는 경우고, 주로 '떨가다', '떨구다'는 의도성을 갖고 떨어트리는 경우인 것 같다. 다만, 지역에 따라 반대의 의미인 경우도 있어서 매력적인 사투리다.

봉다리

단어 활용

"과자 좀 봉다리에 싸 가자."

단어 정의

'비닐봉지'를 뜻하는 말.
'비닐봉지'보다 정감 있는 생활 밀착형 어휘.

'봉다리'는 '비닐로 무엇인가를 담을 수 있도록 만든 주머니'라는 의미인 '비닐봉지'의 사투리다. 비슷하게 쓰이는 말 중에 '봉투'가 있다. '봉투'는 편지 등을 넣기 위한 종이로 만든 주머니로 엄밀히 따지면 뜻이 다르나, 일상에서 두 단어는 거의 구분하지 않는다.

 '봉다리'의 어원은 명확하지 않지만, '봉지'의 앞 글자 '봉'에 '-다리'가 붙었다고 이해하면 될 것 같다. '-다리'가 접미사로 쓰이면 그 속성을 가진 사람이나 물건을 대수롭지 않으며 가볍게, 때에 따라서는 희화하는 명사가 된다. '키다리', '꺽다리' 등이 있다. '봉다리'도 '담다'의 '봉(封)' 자에 '-다리'가 붙어서 '봉지'와 같은 뜻으로 쓰이는 것 같다.

 전라남도에서도 '봉다리'라는 말을 쓴다. 사투리의 원리 중, 중심에서 멀어지는 것과 비례하며 유사한 사투리가 쓰인다는 이론이 여기에도 적용된다. 물에 돌멩이를 떨어뜨리면 동심원으로 파장이 그려져 나가는 것처럼 서울, 표준어와 거리가 먼 부산과 전라남도에서 '봉다리'를 동일하게 사용하는 것이다.

 그래도 '봉다리' 하면 떠오르는 지역은 부산이다. 그 이유는 사직구장의 '봉다리' 응원일 것 같다. '봉다리' 응원은 2005년부터 시작되었으며, 관중들이 쓰레기를 스스로 담아 가도록 나눠 준 '봉다리'에 바람을 넣어서 머리에 쓰고 응원하는 것이다. 이는 매우 특색 있는 응원 문화이며, 나아가 부산다움을 보여 준다고 할 수 있다.

   그런데 요즘 '봉다리'는 천덕꾸러기가 된 것 같다. 사직구장의 '봉다리' 응원도 2021년부터 볼 수 없게 되었다. 부산 내 공공기관에서 일회용품 사용이 금지되었기 때문이다. '봉다리'는 수건으로 대체되었다. 오늘날 지구 환경, 특히 쓰레기 문제를 생각하면 '봉다리'의 사용을 줄이는 것은 당연한 일인 것 같다. 또는 더 친환경적인 '봉다리'를 사용하는 방법도 있을 것 같다.

빼다지

단어 활용

"할매가 쓰던 옛날 빼다지 아직 있더라."

단어 정의

작은 서랍장이나 장롱 형태의 가구.
나무 장문과 손잡이 형태가 특징인
전통 가구를 말하는 용어.

부산 사투리 '빼다지'는 '서랍'이라는 의미다. 젊은 세대는 거의 사용하지 않는 사투리다. 전라도 일부 지역에서도 같은 뜻으로 쓰인다고 한다. 일상에서 흔히 볼 수 있는 서랍은 책상, 장롱, 화장대, 옷장, 수납장 등에 달려 있다. 그래서 "책상 빼다지 정리 좀 해라"처럼 주로 가구 명칭과 쓰인다.

'빼다지'의 유래에 두 가지 설이 있다. 첫 번째는 일본어에서 유래했다는 설이다. 일본어로 '서랍'을 '히키다시(ひきだし)'라고 한다. 그리고 '빼다'에 '히키다시'가 붙은 후 발음이 조금 변형되어 '빼다지'가 되었다는 거다.

두 번째는 순우리말에서 유래를 찾는 것이다. '빼다'와 '닫다'가 합쳐지고 여기에 명사를 만드는 접미사 '-이'가 붙어서 '빼닫이' 그리고 '빼다지'가 되었다는 것이다. 즉 '빼고 닫는 것'이라 하여 '빼다지'인 것이다.

'미닫이', '여닫이'라는 말도 순우리말에서 유래하여, '빼다지'도 순우리말에서 유래했다는 설이 더 설득력이 있는 것 같다. '밀고 닫는 것'의 '미닫이', '열고 닫는 것'의 '여닫이'처럼 '빼고 닫는 것'은 '빼다지'인 것이다. 한 가지 의문은 '미닫이', '여닫이'는 표준어고 '빼다지'는 사투리라는 것이다.

쓰잘데기 있는 사전

'빼다지'의 유래는 역사적으로도 뒷받침된다. '빼다지'가 뜻하는 '서랍'은 19세기까지 '셜합'이라고 쓰였다고 한다. 여기서 '합'은 '찬합'과 같이 쓰일 때처럼 '작은 용기, 상자'를 뜻한다. 한편 '셜'은 '셔다'가 변형된 것인데, '셔다'는 '빼다'라는 뜻을 지닌 옛말 '혀다'의 발음이 바뀐 것이라고 한다. 즉 '서랍', '셜합'도 본래 '뺄 수 있는 작은 상자'라는 뜻을 가진 것이고 그러한 뜻이 잘 남아 있는 말이 '빼다지'라고 할 수 있다. 부산 사투리를 통해 국어의 역사를 살펴볼 수 있는 부분이 제법 있는 것 같다.

시락국

단어 활용

"아침엔 따뜻한 시락국 한 그릇이 최고다."

단어 정의

'시래기국'을 뜻하는 사투리.
구수하고 푸근한 밥상의 대표 음식이며,
어머니의 손맛을 상징.

쓰잘데기 있는 사전

176

부산에서는 학교 식단표에서도 '시락국'이라는 표현을 사용한다. 아들의 학교 식단표를 살펴보니 사용하고 있음을 확인할 수 있었다.

'시락국'은 표준어로 '시래깃국'이다. '시래깃국'은 '시래기'와 '국'이 합쳐져서 합성어가 되면서 사이시옷이 붙은 형태다. '시래기'는 일반적으로 무청 말린 것을 뜻하고, 이 '시래기'를 멸치 육수에 넣고 된장을 풀어 구수하게 끓인 것을 '시래깃국', 즉 '시락국'이라고 한다.

우선 '시래기'의 어원을 살펴보면, '시래기'가 '쓰레기', 즉 채소의 쓸모없는 부분 '쓰레기'에서 유래했다는 설도 있지만 검증되지 않았다. 오히려 '시래기'는 고어 '슬어지다'에서 유래했고, 이 고어에서 '시래기'로 변화하면서 중간 형태가 남아 '시락'으로 쓰인다는 것이 설득력이 있어 보인다.

'시래기'라는 말이 유래한 고어 '슬어지다'는 '사라지다'라는 의미다. '슬어지다'의 어근 '슬'에 접미사 '-아기'가 붙어 '슬아기'에서 '시락이', 그리고 '시래기'가 되었다는 설명이 있다. 그리고 '시래기'가 되기 전 '시락이'의 형태가 부산에서는 사용되는 것이다.

부산의 '시락국'에는 다른 지역에서 '우거짓국'이라고

부르는 것도 포함된다. 보통은 배추 겉잎 말린 것으로 만들면 '우거짓국'이라고 하는데, 부산에서는 두 단어를 크게 구분하지 않는다.

표준국어대사전에서는 '시래기'를 '무청이나 배춧잎을 말린 것'이라고 한다. 부산의 '시락국'에서 사용하는 '시락'은 무청, 배추 겉잎 등을 포함하는 경우가 많아서 오히려 표준국어대사전의 정의에 가깝다.

한 예능 프로그램에서 부산 출신 방송인이 '시락국'이라는 단어를 사용하며 식당을 소개했다. 그때 "시락국이 진짜 맛있었어요!"라는 말을 들을 수 있었다. '어머니가 끓여 주시는 국' 하면 많은 사람이 '시락국'을 떠올린다. 부산에서는 장례식장에서 시락국을 대접하는데, 화려하지는 않지만 부산의 소울 푸드 중 하나라고 할 수 있다.

쌔리다

단어 활용

"그냥 쌔리 뿌라!"

단어 정의

'때리다'의 경상도 사투리.
상황에 따라 농담처럼 쓰기도 하는 강렬한 표현.

세 글자 사투리 쌔리다

'쌔리다'는 표준어 '때리다'가 경상도에서 음이 바뀌어 생긴 변이형이다. '때리다'에서 '째리다', 그리고 '쌔리다'로 변화하여 정착하게 되었다. 또 "쌔리 뿐다"라는 말도 자주 사용하는데 이것은 '때려 버리다'의 사투리다. 현재형을 나타내는 'ㄴ'이 첨가되어 '쌔리 뿐다'라는 형태로 쓰인다.

'쌔리다'는 부산, 울산, 경남에서 다양하게 사용한다. 사람을 대상으로 사용하는 경우도 있지만, 주로 야구 방망이로 야구공을 맞출 때 "야구공을 쌔린다"처럼 쓴다. 다른 의미로는 '무엇인가 행동하다'도 있다. '먹다'를 '때리다'로 바꾸어 사용하는 경우가 많다. "갈비탕 한 그릇 쌔리러 갈래?"처럼 사용한다. 이 밖에도 "쉬는 시간이니 담배 한 대 피우러 갈래?"처럼 '피우다'를 대신해서 '쌔리다'를 사용하거나, "오랜만에 춤 한번 쌔릴래?"처럼 '춤추다'와 같은 행위를 나타내기도 하는 매력적인 사투리다.

사직구장에서도 자주 들리는 사투리다. '쌔리다'는 팬들을 하나로 똘똘 뭉치게 하는 마법 같은 소리다. 우리 쪽 타자가 나왔을 때 안타를 때리라는 의미로 "안타 쌔리라!"를 외치기도 하며, 선수의 응원가에도 안타를 치라는 의미로 '쌔리라'가 삽입된다.

사직구장의 열정적이고 화끈한 응원 문화는 세계에서

주목받고 있다. 부산 사투리를 활용한 열정적인 응원 문화는 미국 스포츠 뉴스에도 소개될 정도로 화제가 되었다. 특히 사투리가 점점 사라지고 있는 현대 사회에 이러한 사투리를 활용한 문화는 우리에게 정을 나누어 주기도 하고 서로에게 활력소가 된다.

일상에서 자주 사용하는 '쌔리다'지만, 드라마나 영화에서 비교적 주목받지 못하는 것 같다. "쌔리 뿌까"보다 "마궁디를 쭈~ 차 뿌까"처럼 쓰이는 "차 뿌까"가 매스컴에서 인기를 끄는 것 같다. 하지만 못지않게 매력적인 '쌔리다'는 한 번 쓰면 입에 착 감기는 맛이 있다.

56

쌔비다

단어 활용

"돈을 쌔비고 튀어 버렸다 카더라."

단어 정의

슬쩍 훔치거나 빼돌리는 행위를 뜻하는 은어적 사투리.
생활 속 풍자어로도 기능.

'쌔비다'는 친구가 자신의 물건을 빼앗거나 몰래 가지고 도망가면 "니, 내 꺼 쌔비지 마라"라고 사용한다. 표준국어대사전에서 '쌔비다'를 '남의 물건을 훔치다'라고 정의한다. 속어(俗語)지만, 친구끼리 자주 사용한다.

사투리는 민간어원(民間語源, Folk etymology)인 경우가 많다. '쌔비다'의 어원을 명확히 알 수 없지만, 민간어원이라고 볼 수 있다. 민간어원이란 어원을 언어학적 방법이나 논리적 사실로 생각하지 않고, 형태나 음운적으로 비슷하면 추측하여 설명하는 거다. 민간어원을 '부실어원', '페이크(Fake) 어원'이라고도 한다.

'쌔비다'는 '구하다', '저축하다'라는 뜻을 가진 영어 '세이브(Save)'에서 나왔다는 설이 있다. '세이브'와 '-하다'가 붙어서 이루어진 말로, 원래 '저축하다', '따로 떼어 놓다'의 뜻이었다는 거다. 다만 경상도에서 발음을 강하게 하여 '쎄이브'에서 '쎄브'라고 변화했다고 추측할 수 있다. 또 저축하기 위해서는 돈을 은행으로 가져가야 하니, 이 '가져가는 행위' 자체에 집중하여 이후에 '남의 것을 가져가다'라는 뜻으로 바뀐 것 같다.

강원도에서는 '휘비다', 경북에서는 '새비다'라는 말로 사용한다. 두 단어는 '쌔비다'의 뜻과 비슷하다. 경상도와 멀리 떨어진 강원도에도 이처럼 비슷한 사투리 변이형이 존재한다는 것은 흥미롭다.

　세계적으로 인기 있는 일본의 애니메이션 <포켓몬스터>. 그중에 '쵸로네코(チョロネコ)'라는 포켓몬이 있는데, 도감에서 찾아보면 다음처럼 설명한다. "곤란해하는 모습을 보기 위해 사람의 물건을 훔친다." 이 포켓몬의 이름은 '빼돌리다'라는 의미의 일본어 '쵸로마카스(ちょろまかす)'와 '고양이'라는 뜻의 '네코(猫)'를 합친 말이다. 한국 이름은 '쌔비냥'이다. 일본 이름처럼 '훔치다(쌔비다)'와 '고양이(냥)'를 합친 번역인데, 사투리를 사용한 재미있는 작명이라고 볼 수 있다. 이처럼 적절한 사투리의 조합으로 세계적인 캐릭터를 표현했다는 것은 사투리의 세계화처럼 느껴진다.

57

쓰까라

단어 활용

"국밥에 다데기 좀 넣고 쓰까라. 그래야 맛난다."

단어 정의

한 그릇 안에 맛과 정을 풀어 넣는 말.
'쓰까라'는 부산 식탁의 인사말.

세 글자 사투리

표준어 '섞어라'와 같은 뜻으로, 주로 음식을 섞어 먹자는 의미로 사용한다. 음식을 먹을 때 "쓰까 묵자!"라고 말하면 "섞어 먹자!"라는 뜻이 된다.

표준어 '섞다'가 빠르게 발음되면서 변형된 결과로 볼 수 있으며 자연스럽게 '쓰까라'라는 사투리로 정착했다고 생각된다. "국밥에 다데기 좀 넣고 쓰까라"처럼 사용한다.

'쓰까라'는 동남 방언의 특징이 반영된 사투리다. 경상도 방언은 산지가 많고 외부와의 교류가 적던 지역적 특성으로 독자적인 발음 체계를 형성해 왔다. 표준어 '섞다'는 동남 방언에서 '섞우다'로 변화하며, 여기에 '-아'가 붙어 최종적으로 '섞아'가 된다. 경상도 방언의 특징인 'ㅅ'과 'ㅆ'의 혼용, 그리고 연음 구분이 약한 특성이 더해져 '쓰까'로 변형된 것이라고 볼 수 있다.

'쓰까라'는 원래 음식과 관련된 긍정적인 의미로 사용되었지만, 인터넷에서 왜곡되면서 지역 비하 표현으로 변질된 사례가 있다. 2015년경 온라인 커뮤니티에서 '부산의 한 식당에서 손님들이 양푼에 반찬을 다 넣고 섞은 뒤 다 같이 퍼먹는 것을 봤다'는 내용의 글이 올라왔고, 여기에서 부산 사투리를 희화하며 '쓰까라'의 의미가 변질되기 시작했다. 이후 '섞어'와 '덮밥'을 합쳐 '쓰까듭밥'이라는 표현이 등장하며, 부산 문화를 비하하는 용어로 확산한다. 또한 부산을 '쓰까국'이라고 부르는 등의 왜곡된 표현이 등장한다.

이는 사투리를 단순한 언어적 요소가 아닌 지역의 정체성과 연결하여 폄훼하는 사례로, 지역 간 문화적 오해를 초래할 수 있다. 사투리는 단순한 지역 말이 아니라, 해당 지역의 역사와 문화가 녹아 있는 언어적 자산이다.

다행히 앞선 논란과 다르게 최근 '쓰까라'는 뉴미디어 콘텐츠에서도 활발히 활용되고 있다. 사투리 '쓰까라'를 하나의 브랜드 요소처럼 사용한다. 이러한 사례는 부산과 경남 방언이 미디어를 통해 긍정적이고 새로운 방식으로 확산하는 것을 보여 준다.

58

애비다

단어 활용

"그새 얼굴이 애볐노. 마이 무라."

단어 정의

'애비다'는 할머니가 살이 빠진 손주를 보고 걱정스러운 눈빛으로 건네는 사랑의 말버릇.

외지인이 '애비다'라는 사투리를 들으면 종종 '아비'의 비표준어인 '애비'로 듣는다. 그만큼 외지인이 오해하기 쉬운 단어다.

'애비다'를 표준어로 하면 '야위다'가 된다. '야위다'를 표준국어대사전에서 '몸의 살이 빠져 조금 파리하게 되다'라고 정의한다. '날씬하다'와 비슷하지만, '애비다'는 부정적인 뉘앙스가 강하다. 예를 들어, 성장기인 아이를 보고 "아가 애벼서 우짜노"처럼 사용할 수 있다.

많은 사투리가 그렇듯이 '애비다'의 어원도 확실하게 알 수 없는데, '야위다'가 변화한 형태로 추측할 수 있다. 동남방언의 특징 중 하나가 '단모음화'가 두드러진다는 점이다. 단모음화는 표준어에서 이중모음인 것이 단모음으로 발음되는 경우를 말한다. 한글의 모음은 21개다. 이 중에서 'ㅏ', 'ㅐ', 'ㅓ', 'ㅔ', 'ㅗ', 'ㅚ', 'ㅜ', 'ㅟ', 'ㅡ', 'ㅣ' 등의 10개가 단모음이고 나머지 11개는 이중모음이다. 부산에서 '의사'를 '으사'로, '멸치'를 '메르치'처럼 발음하는 것이 단모음화의 대표적인 사례다. '야위다'에서 '애비다'로 변화하는 과정도 'ㅑ'가 'ㅐ'로 단모음화하여 '애위다'에서 '애비다'로 바뀌었다고 추정한다.

'애비다'는 부정적인 뉘앙스를 가졌지만, 단순히 상대를 부정적으로 바라보고, 질책이나 비난하는 뉘앙스를 가진 사투리도 아니다. 누가 나에게 "니 와 이리 애볐노. 안 좋은 일 있나?"라고 한다면 걱정하는 마음이 들어 있다.

'애비다'에는 걱정의 마음이 담겨서, 우리 주변의 특정 인물로부터 이 사투리를 듣는 경우가 많다. 바로 할머니다. 어릴 때 혹은 성인이 된 후에도 할머니 집에 가면 종종 듣는 말이 "그새 얼굴이 애빘다. 마이 무라"일 것 같다. 문제는 할머니는 살이 찌든 빠지든 늘 '애볐다'라고 하시면서 끝도 없이 맛있는 음식을 내어 온다. 사투리 '애볐다'에는 할머니의 손주에 대한 걱정과 애정이 듬뿍 담겨 있다고 할 수 있다.

고단한 일과를 마치고 잘 챙겨 먹지 않으면 자칫 '애빌' 수 있다. 영양가 높은 음식을 먹으면서 '애비지' 말고 모두 건강하길 바란다.

쓰잘데기 있는 사전

양분식

단어 활용

"학교 앞 양분식 아지매 아직 계시나?"

단어 정의

골목마다 하나쯤은 있던 '양분식'.
듣기만 해도 입가에 추억이 도는 부산 사람들의 공동 기억.

'양분식'은 표준어 '분식집'과 비슷한 의미를 지니고 있지만, 부산과 일부 경남 지역에서만 쓰이는 특이한 표현이다. 부산 사람들에게 정겨운 추억이 담긴 단어다.

'양분식'이라는 표현에서 '양(洋)'은 서양식을 뜻하며, '분식(粉食)'은 밀가루 음식이다. 즉 떡볶이, 라면, 빵, 만두 등을 의미한다. '양분식'은 '서양식 밀가루 음식'을 뜻한다고 볼 수 있다. '양'이 붙는 단어는 일상에서 흔히 볼 수 있다. 예를 들어, 양궁, 양배추, 양복, 양송이, 양식, 양주, 양초, 양파 등 많다.

한국전쟁의 전후로 부산은 미군의 영향을 많이 받았고, 밀가루가 주요 식재료로 공급되면서 분식 문화가 크게 발전했다. 이러한 배경으로 기존의 '분식집'과는 다른, 새로운 형태의 가게를 지칭하는 말로 '양분식'이 등장했다고 본다. 이 단어는 1970~90년대 부산에서 흔히 쓰였고, 당시에는 '양분식'이라는 간판을 단 가게가 곳곳에 있었다.

부산에서는 '양분식'이라는 표현이 매우 자연스럽지만, 다른 지역에서는 거의 사용하지 않는다. 2000년대 이후부터 부산에서도 '양분식'이라는 간판은 점점 사라지기 시작했고, 대신 '○○분식', '○○천국' 같은 보다 표준화된 가게 이름이 늘어났다. 일부 부산 사람은 여전히 '양분식'이라는 표현을 쓰며, 정겨운 단어로 회상한다.

  1970~90년대에는 '양분식'이라는 간판을 단 가게들이 부산뿐만 아니라 울산과 경상도에서 쉽게 찾아볼 수 있었다. 당시 양분식 가게는 라면, 떡볶이, 김밥, 튀김 같은 전형적인 분식류 외에도 돈가스, 비후가스(Beef Cutlet), 양배추를 듬뿍 넣은 햄버거, 샌드위치 등 미군 부대 문화의 영향을 받은 메뉴도 함께 판매되었다. 학생뿐만 아니라 직장인에게도 큰 인기를 끌었고, 당시 부산의 외식 문화를 형성하는 중요한 공간이었다.

  '양분식'은 단순한 언어의 변화라기보다, 부산 거리에서 점차 사라지는 부산 현대사의 일면이라고 할 수 있다.

언치다

단어 활용

"그렇게 허겁지겁 묵으면 언친다."

단어 정의

체하거나 소화가 안 되는 상태를 표현하는 말.
음식 문화와 몸 상태를 연결짓는 생활형 사투리.

먼저 표준어 '얹히다'를 알아볼 필요가 있다. 표준어 '얹히다'는 '얹다'의 피동사로 '무언가 위에 올려져 있다'라는 뜻이다. 수를 덧붙일 때 쓰이기도 해서 기본적인 것에 무언가를 덧붙일 때 사용하는 표현이다. "마음에 걸리는 일이 있어 언짢다"라는 표현으로 쓰면 "속에 얹히다"라고 사용한다. 또는 사투리 '언치다'처럼 '소화되지 않고 답답하게 있다'라는 뜻이 있다.

사투리 '언치다'는 표준어 '체하다'와 의미가 같다. '체하다'는 표준국어대사전에서 '먹은 음식이 잘 소화되지 아니하고 배 속에 답답하게 처져 있다'라고 정의한다. 여기서 '체(滯)' 자는 '막히다'라는 의미가 있다. '체하다'는 이미 꽉 막힌 상태를 의미하여 '언치다'보다는 정도가 심하다고 볼 수 있다.

어릴 적 부모님께 "많이 먹으면 언친다"라는 말을 들어본 경험이 있을 거다. 부산에서는 소화 불량으로 속이 불편하다는 뜻으로 자연스럽게 사용한다. '언치다'는 '언쳤다', '언쳤다', '언칫다'처럼 발음하기도 한다. 사전을 찾아보면 제주 사투리라고 하는데, 부산, 울산, 경남을 비롯하여 충남 등 여러 지역에서 사용한다.

'언치다'와 '얹히다'는 의미상으로 거의 동일하지만, '얹히다'가 맞는 표현이다. '언치다'는 지역 사투리로, 문법적으로는 자음 축약 현상이 일어난 결과라고 볼 수 있다. 즉 'ㅈ'과 'ㅎ'이 만나 'ㅊ'으로 발음되는 현상이다. '엊히다'가 '언치다'로 변형된 거다. '앉히다'가 '안치다'가 되거나 '묻히다'가 '무치다'가 되는 현상을 예로 들 수 있다.

'체하다'와 '언치다'의 미묘한 뉘앙스 차이는 사투리의 섬세함을 잘 반영하는 것 같다. 사투리는 개인의 '체함'이 심각한지 덜 심각한지를 잘 드러낸다. 이처럼 사투리는 단순히 고리타분한 옛말이 아닌, 지금도 그 지역에서 살아 숨 쉬는 문화의 일부다.

오찻물

단어 활용

"오찻물 한잔하실랍니까?"

단어 정의

보리차, 결명자차처럼 따뜻한 물을 통칭하는 말.
고유한 정서를 담은 어르신의 표현.

세 글자 사투리   오찻물

과거에는 부유한 집에서 다 마신 '델몬트 주스'의 유리병을 씻은 후에 보리차를 담아 냉장고에 넣어 두고 집을 방문하는 손님에게 내줬다. 과거에는 수돗물을 그냥 마시면 배앓이해서 물을 끓여 먹었다. 그래서 물을 팔팔 끓여 볶은 보리를 넣고 그것을 큰 주전자에 식혀서 마셨는데, 이러한 '보리차'를 '오찻물'이라고 불렀다.

경상도에서는 '오찻물', '오찬물'이라고 부른다. 차를 의미하는 일본어인 '오챠(お茶)'와 '물'이 합쳐지는 과정에서 사이시옷 첨가된 외래어다. 이름만 들어서는 순우리말인 것 같지만 일제강점기의 잔재라고 볼 수 있다.

보통 부산에서는 끓인 물을 '오찻물'이라고 한다. 집에서 끓인 물을 식힌 찻물을 뜻하는 단어 정도로 생각하면 된다. 그 물이 보리차일 수도 있고, 결명자차일 수도 있고, 둥굴레차일 수도 있다. 그러므로 '오찻물'은 특정한 재료로 내린 찻물은 아니라는 거다.

보리차는 몸을 차갑게 하는 특징을 가진다. 평소 열이 많은 사람이 마시면 체온을 조절하는 데 도움을 주는 음료다. 습한 여름에 차가운 보리차는 청량감을 준다. 특히 여름이 습하기로 유명한 일본에서 거의 모두가 페트병에 보리차를 넣고 다닌다. 또한 보리차에는 비타민 C와 E가 들어 있어 혈당과 콜레스테롤 수치를 낮추는 데 도움을 주기도 한다. 탄수화물, 단백질, 미네랄 등도 풍부하다. 다만, 평소에 몸이 찬 사람은 과도한 섭취를 조심해야 한다고 한다.

    다양한 이유로 과거에는 집에서 생수 대신 보리차를 먹는 경우가 많았다. 그러나 현대에 와서는 정수기와 사 먹는 생수의 보급으로 인해 오찻물을 마시는 가정은 줄었다. 덥고 습한 여름에 굳이 보리차를 끓이려는 수고도 덜고, 음용할 수 있는 수돗물도 과거에 비해 위생적으로 관리되면서 오찻물은 자취를 감추게 되었다.

욕보다

단어 활용

"날도 더운데 오늘 욕봤심더."

단어 정의

'수고했다'라는 뜻으로 격려와 위로를 담은 한마디.
진심이 묻어나는 부산식 인사말.

표준국어대사전에서 '욕보다'는 '부끄러운 일을 당하다' 또는 '몹시 고생스러운 일을 겪다'처럼 부정적인 의미가 강하다. '욕'이라는 것이 기본적으로 부정적인 말이라서, 이러한 '욕'과 마주하는 것이기 때문에 자연스럽게 부정적인 의미를 지닌다. 하지만 부산에서 '욕보다'를 사용할 때 부정적인 의미는 줄어든다.

부산에서 쓰이는 '욕보다'는 '고생했다'라는 의미다. 주로 과거형으로 사용하는데, "욕봤심더", "욕봤데이", "욕본 거 다 안다" 이런 식이다. 이때 자신에게 사용하기도 하고 상대방에게도 사용한다. "더운데 무거운 거 들고 오느라 욕봤데이"처럼 쓰인다.

'욕보다'는 '고생하다'의 약한 뉘앙스인 '수고하다'의 뜻으로도 사용한다. 이때 과거형으로도 쓰이고 현재나 미래형으로도 쓰이는데, 주로 상대방에게 사용한다. 일종의 격려하는 의미를 지닌다.

마지막으로 '욕보다'는 인사처럼 쓰일 때도 있다. 이때는 어르신이 많이 사용한다. 제일 흔하게는 헤어지면서 인사로 "욕보이소"라고 하는 경우다. 이야기를 나누다가 흐름을 끊고 다른 곳으로 가야 할 때도 쓰고, 헤어질 때도 사용한다. 표준어로 바꾸면 "그럼 이만"과 비슷하다. 혹은

"잘 들어가세요" 같은 뜻도 있다. 말을 붙일 때도 '욕보다'를 사용하는 경우가 있다. "욕보십니다"처럼 말을 건다. 이때는 '안녕하세요', '저기요', '실례합니다'의 뜻을 지닌다.

'욕보다'는 부산 사투리가 지니는 투박하고 거친 면을 잘 보여 주는 말이다. 투박하고 거친 표현은 애정, 배려, 공감과 짝을 이루는 경우가 대부분인 것도 부산 사투리의 특징이다. 특히 '욕보다'는 상대방에게 사용할 때 고생하고 수고한 사실 또는 앞으로 닥칠 일에 대하여 격려, 위로, 연민의 마음을 담고 있다는 인상을 받는다. 예를 들어, 명절이 끝나고 자식들을 다시 외지로 돌려보내는 부모의 따뜻한 한마디, "욕봤데이"는 깊은 울림이 있는 말이다.

이바구

단어 활용

"시간도 많고 오늘은 이바구 좀 털어 볼까나?"

단어 정의

'이야기'를 뜻하는 말.
부산 원도심의 이바구길에서 유래하여
지역의 서사를 상징시킨 단어.

세 글자 사투리 　　　　　　　　　　　　　　이바구

'이바구'는 '입'과 '아가리'란 뜻의 '아구'을 합친 데서 유래했다. '입아구'다. '입아구'의 발음이 쉬워지면서 '이바구'가 된다. '이바구'란 말이 일본으로 전해져 흔적이 남아 있다는 설이 있다. 일본어로 '말하기를'이 '이와쿠(いわく)'인데, 이 '이와쿠'가 '이바구'에서 비롯되었다는 거다. 앞서 소개했던 '찌짐'보다 오래전인 고대 시기에 건너갔다고 추측할 수 있다.

 '이바구'는 이야기를 뜻하는 사투리다. "이야기하자" 대신 "이바구 하자" 하는 식이다. 또는 '수다'라는 뜻도 된다. 젊은 세대는 자주 사용하지 않지만, 어르신은 제법 사용하는 사투리다. '이바구'처럼 '이야기하다'와 같은 의미인 사투리로 '이배기', '이박', '이얘기' 등도 있다.

 부산에 있는 테마 길인 '이바구길'은 '이야기가 있는 길' 정도로 풀어 볼 수 있다. 보통은 주변 환경에서 비롯된 명칭이 많다. 하지만 부산의 '이바구길'은 그 지역, 동네가 품고 있는 역사와 문화에서 비롯된 '이야기를 걷는 길'이라는 특징을 지닌다. 특히, 부산의 역동적인 근현대사가 고스란히 남겨진 길이라고 할 수 있다.

 이렇게 보면 '이바구'는 요즘 유행하는 말로 '스토리텔링(Storytelling)'과 통하는 측면이 있다. 스토리텔링은 '알리고자 하는 바를 이야기로 전달하는 것'이라는 뜻이다. 상대방에게 알리고자 하는 바를 주제를 가지고 재미있고 생생하게 전달하는 것을 뜻하는 말로, 최근 여행 동향 중 하나다. 익숙한 곳도 새롭게 보이게 하는 것이 스토리텔링이기 때문이다. '이바구'는 그러한 부분을 가장 부산답게 표현하는 말인 것 같다. 날씨가 좋으면 이바구길을 한번 둘러보는 것이 어떨까.

잠온다

단어 활용

"수업 중인데, 진짜 잠온다."

단어 정의

'졸리다'는 의미의 부산 사투리.
사투리 '자불다'와 유사하며,
같은 뜻이지만 다른 감성을 전하는 표현.

쓰잘데기 있는 사전

'잠온다'는 '잠'이랑 '온다'로 이루어진 단어인데, 둘 다 표준어라서 사투리인 줄 모르는 사람이 많다. 두 단어가 합쳐지면서 부산의 고유한 뉘앙스를 지닌 사투리가 탄생했다.

'잠온다'는 자고 싶은 느낌이 들 때 쓰인다. 비슷한 사투리로 '자불다'가 있다. "자불지 말고 공부해라"라는 식으로 쓰인다. 표준어로 바꾸면 '졸리다'가 된다.

'자불다'와 '졸리다'는 중세 국어 'ᄌᆞ올다'라는 말에서 파생되었다. 이 문장이 줄어서 '졸다'가 되고 거기에 '-리-'가 붙어서 어떤 상태나 느낌을 나타낸다. 반면에 'ᄌᆞ올다'가 줄어들지 않고 'ㅂ'이 붙은 것이 부산 사투리 '자불다'다. 부산 사투리에 'ㅂ'이 붙는 경우가 많은데, '짜다'가 '짭다', '차다'가 '찹다', '쓰다'가 '씁다'라는 식이다.

'잠온다'는 '졸리다', '자불다'와는 별개로 존재하는 말이다. 표준어로 '잠(이) 오다'는 잠에 빠져든다는 뜻으로 "아, 졸려서 집에 가면 눕자마자 잠이 올 것 같다"처럼 쓰인다. 영어로 하면 '졸리다'가 'Sleepy'이고 '잠(이) 오다'는 'Fall Asleep' 정도가 된다.

부산에서는 '자불다'와 '잠온다'를 같은 뜻으로 쓴다. 두 말이 유사한 상황에서 쓰이는 경우가 많고 의미도 크게 다르지 않기 때문에 굳이 구별해서 쓰지 않는다고 보인다. 부산 사투리의 특징 중 하나인 효율성을 볼 수 있다. 요즘은 '자불다'보다 '잠온다'를 쓰는 사람이 많은 것 같다.

'잠온다'와 '졸리다'의 뉘앙스 차이가 재미있다. 같은 뜻이지만, 부산 사람에게는 다른 느낌을 준다. 인터넷에서 한 글을 봤다. 여자 친구가 "졸려"라고 하는데 애교를 부리는 것 같다면 경상도 남자라는 글이었다. "졸려"는 피곤할 때 쓰는 말인데, 부산 사람이 들으면 일부러 귀엽게 말하는 느낌이거나, 눈이 초롱초롱한 캐릭터가 쓰는 느낌이다. '잠온다'가 아닌 '졸리다'는 남사스럽게 느껴진다. 그런데 서울 사람은 반대로 '잠온다'가 애교스럽다고 생각한다. 대한민국이 좁은 것 같아도 사투리 하나로 다양함을 느낄 수 있다.

정구지

단어 활용

"정구지 찌짐 묵고 힘내자!"

단어 정의

'부추'의 사투리. 향도 강하고 생명력도 질긴
부산식 생활 언어의 표본.

부추는 전국적으로 인기 있는 식재료지만, 유독 부산 사람이 많이 먹는다. 돼지국밥도 그렇고 재첩국을 먹을 때도 쫑쫑 잘게 썰어서 넣어 먹는다. 그리고 더운 날 기력을 보충하기 위해 먹는 장어에도 정구지무침이 딸려 온다.

 '정구지'는 표준어 '부추'의 사투리다. '부추'는 백합과에 속하는 여러해살이풀로 원산지는 중국이고 우리나라에는 삼국시대에 전해진 것으로 알려져 있다. '부추'는 '구채(韭菜)'라는 한자어가 바뀐 것으로 'ㄱ'이 'ㅂ'으로 바뀌고 'ㅐ'가 'ㅜ'로 변형되었다. 이 '부추'를 부산에서 '정구지'라고 하는데, '정구지'의 유래에 대해서 인터넷상에서 잘 거론되는 것이 정기, 정력 할 때 '정(精)'자와 오랠 '구(久)'자, 지속하다라고 할 때 '지(持)'자가 합쳐져서 정기, 정력을 오래 지속시켜 준다는 풀이다. 이는 '부추'가 남성에게 좋은 채소라 붙여진 것 같고, 국립국어원에 따르면 '정구지'는 한글, 우리말에 해당한다.

 '부추'는 '정구지' 말고도 전국적으로 다양한 사투리를 가진 말이다. 이때 크게 세 가지 계열로 나뉜다. 첫째는 '부추' 계열로, '부추'라는 말의 발음이 변형된 형태다. 경기도와 강원도를 중심으로 이 형태가 많이 보이는데 부초, 푸추, 푸초와 같은 사투리다.

두 번째는 '솔' 계열이다. '솔', '졸', '세우리'와 같은 사투리로, 전라도와 제주도에서 사용한다. '솔' 계열은 '부추'의 모양에서 유래한 것으로 보이며 '부추'가 솔잎처럼 생겼기 때문이다.

마지막으로 '정구지' 계열로 부산을 포함한 경상도에서 사용한다. '정구지'는 저렴하고 영양가는 높아 가성비가 아주 좋은 채소다. 게다가 한번 씨를 뿌려 놓으면 계속 싹이 돋는 강한 생명력을 지니고 있다. 이렇게 다양한 사투리가 존재한다는 것은 그만큼 '부추'가 우리에게 익숙한 채소라는 것이다.

짜치다

단어 활용

"그 집 밥 짜친다. 딴 데 가자."

단어 정의

작고 초라하거나 기대에 못 미칠 때 툭 튀어나오는 말.
'짜치다'는 부산발 실망의 표현.

쓰잘데기 있는 사전

'빡치다'의 아류로 '화나다'라는 의미일 것으로 생각했다. 회식 자리에서 한 번 들었는데, "오늘 회식 비용 짜치네"처럼 사용했다. '짜치다'는 '쪼들리다', '부족하다'라는 의미다.

'짜치다'를 검색하면 '쪼들리다'의 경상도 사투리라고 나온다. 표준국어대사전에서 '쪼들리다'의 사전적 의미는 '어떤 일이나 사람에 시달리거나 부대끼어 괴롭게 지내다'라고 설명한다. '짜치다'의 뉘앙스와 표준어 '쪼들리다'는 거리가 있어 보이지만, '짜치다'는 주로 뭔가 맘에 들지 않고 부족할 때 사용한다.

두 번째 '짜치다'의 의미는 '기대에 모자라다', '기대에 미치지 못하다'다. 기대에 미치지 못하는 행동이나 어떠한 결과가 만족스럽지 않을 때 할 수 있는 일상적 표현이다. 실망을 표현할 때 사용하기도 한다.

'짜치다'의 어원을 아는 사람은 거의 없다. 여러 자료를 찾다가, 똑같은 발음에 거의 비슷한 의미로 일본에서 사용되는 것을 확인했다. '싸다', '보잘것없다', '부족하다'라는 의미의 '챠치다(ちゃちだ)'다. 일본에 오래 살았지만, 처음 들어 본 단어다.

일본어 사전을 찾아보니 '싸고 초라한 모습을 나타내거

나, 허술하고 빈약한 모양을 이야기할 때 주로 사용한다' 라고 적혀 있다. 조금 더 조사해 봐야 알겠지만, 의미가 동일한 것으로 볼 때 서로 영향을 주고받았거나 일본에서 건너온 말일 것으로 유추할 수 있다.

'짜치다'는 요즘 매스컴에 자주 등장한다. 그런데 MZ세대는 '수준에 미치지 못한다'라는 의미로 가장 많이 사용하는 것 같다. 예를 들어 누군가가 기대한 것보다 못할 때, "왜 이렇게 짜치지?"라고 이야기하는 장면을 목격할 수 있다.

'짜치다'는 전국에서 통용되는 공통어가 되었다. 이러한 일련의 흐름 현상을 언어학적으로 '신방언(新方言)'이라고 한다. '새로운 사투리'다. 신방언의 조건은 젊은 세대가 많이 사용하고, 전국적으로 널리 사용돼야 한다는 거다. '짜치다'는 이에 딱 맞는 사투리다.

쪼대로

단어 활용

"그냥 니 쪼대로 해라."

단어 정의

'마음대로', '네 식대로'를 뜻하는 표현.
사투리지만 전국구 인기를 누리는 말.

세 글자 사투리　　　　　　　　　　　　　　　쪼대로

"니 쪼대로 하세여?"라는 말이 어디선가 들려오면 기분이 썩 좋지 않다. 어감이 약간 거칠고, 정중하지 못하게 들려서 좋은 말은 아니라는 걸 느낄 것 같다.

'쪼대로'는 '마음대로', '기분대로', '하고 싶은 대로'라는 의미의 경상도 사투리다. 사투리 '쪼대로'의 어원에 대해 여러 가지 설이 있다. 이 '쪼대로'는 '좋을 대로'라는 말이 경상도에서 발음상 '조흘 대로'로 변화하고, '조흘 대로'가 '졸대로(쫄대로)'로, 나중에 '쪼대로'로 바뀌었다는 것이다.

사투리 '쪼대로'는 유명한 문학작품에 등장한다. "지 쪼대로"라고 하는 표현인데, 경상도 출신 박경리의 『토지』에 나온다. 외에 노래 제목에도 쓰이는데, 직관적인 사투리라서 사람들의 눈길을 끄는 것 같다. 우선 남자 가수 나동수의 <쪼대로 살자>라는 노래는 답답한 마음을 한 방에 날려 버리는 후련함이 담겨 있다. 여자 가수 홍지민이 부르는 <내 쪼대로 살래요>라는 곡은 주체성 강한 여성의 강력한 경고처럼 들리고, 뜻이 확실히 전달된다.

기본적으로 "니 쪼대로 해라"라는 말은 상대방의 행위에 불만이 있을 경우 "니 마음대로 해라"라는 부정적 의미가 된다. 상대가 하는 일이 마음에 안 들 땐 "니 마음대로 해라" 대신 '쪼대로'를 넣어 불만과 불쾌감을 표시한다. 그런데 마치 독백처럼 "난 쪼대로 살고 싶다"라고 이야기하면 '내 마음대로 살고 싶다'처럼 마음이 가는 대로, 마음이 원하는 대로 살고 싶다는 의미가 된다.

다시 말해 "니 마음대로 살아라"와 "니 쪼대로 살아라"를 비교하면 표준어의 '마음대로'는 '자기 개성에 따라 자유롭게 하고 싶은 것을 하고 살라'는 것이고, 사투리 '쪼대로'는 '너의 인생에 관여하지 않을 테니 자유분방하게 살아라'라는 뉘앙스가 있다.

거칠고 투박하게 친한 친구가 말해 주는 듯 들리는 매력적인 사투리인 것 같다.

초장집

단어 활용

"초장집 가서 회 묵자!"

단어 정의

손님이 횟감만 사 오면, 초장부터 매운탕까지 모두 챙겨 주는 부산식 회 문화 공간.

'초장집'은 항구 근처 수산시장, 낚시터, 해변 관광지 등에서 회와 관련한 서비스를 제공하는 음식점에서 시작했다. 여기서 '초장'은 식초를 기본으로 한 초고추장을 의미하며, 이것이 '집'과 결합해 식당이라는 개념으로 발전한 거다.

일부 지역에서는 '양념집'이라는 이름도 사용되지만, 주로 부둣가나 항구 근처의 식당 이름으로 '초장집' 간판이 많이 붙어 있다. '초장집'은 테이블을 놓을 공간이 없는 생선 가게에서 활어를 구매하거나 낚시한 생선을 회로 떠달라고 부탁받으면서 자리와 부대 음식까지 제공하는 장소가 되었다.

'초장집'은 부산과 경상도에서 소박하게 회를 즐기는 장소로 알려져 있다. 회와 함께 초장을 곁들여 먹는 곳을 뜻하며, "초장집 가자"라는 표현은 '술 한잔하며 회를 먹자'라는 의미다. 또한, 관광객이 부산과 같은 해양 도시를 방문할 때 현지 음식을 즐기고자 '초장집'을 찾는 경우도 많아, 부산의 독특한 회 문화를 상징하는 장소가 되었다.

'초장집'은 이름만 보면 초장을 판매하는 곳으로 오해할 수 있지만, 실제로는 초장을 포함해 회를 먹을 장소와 다양한 부가 서비스를 제공하는 곳이다. 고객이 횟감만 가

져오면, 회를 먹을 자리를 제공하고, 회 뜨기, 주류 및 음료, 쌈 채소와 초장, 회 부산물 등을 이용한 먹거리나 매운탕까지 차려 준다. 민락회타운이나 부산자갈치시장 등 수산시장 근처나 낚시터가 있는 곳에 주로 위치한다. '초장집'과 생선 가게가 함께 붙어 있기도 하지만, 주인이 다른 경우도 흔하다. 쉽게 비유하자면 병원 근처에 약국이 밀집해 있는 것처럼 공생 관계를 이룬다고 볼 수 있다. 또 '초장집'은 별도의 주문을 하지 않더라도 자릿값을 지불해야 하는 경우가 많다.

'초장집'은 여러 드라마와 예능 프로그램에서 부산 지역의 특징을 보여 주는 배경으로 자주 등장한다. '초장집'은 단순한 식당을 넘어 부산의 맛과 분위기를 상징적으로 나타내며, 부산 해양 문화를 간접적으로 경험할 수 있게 하는 역할을 한다.

추접다

단어 활용

"그리 추접게 좀 먹지 마라."

단어 정의

'지저분하다', '게걸스럽다'를 뜻하는 말로,
대상에 따라 뉘앙스가 바뀌는 유연함을 갖춘 표현.

세 글자 사투리 　　　　　　　　　　　　　　　추접다

사투리 '추접다'는 표준어인 '추접하다' 덕분에 외지인이 들을 때도 그 뜻을 대강 알 수 있다. '추접하다', '추접스럽다', '추저분하다', '추잡하다'는 모두 표준어로 사전에 등재되어 있다.

부산 사투리 '추접다'의 뜻은 방금 말한 '추접하다', '추접스럽다', '추저분하다'의 공통 어간인 '추접'이라는 부분에서 그 의미를 살펴볼 수 있다. '추접'은 한자와 한글이 합쳐진 형태다. 한자 '추할 추(醜)' 자와 '지저분하다', '너저분하다'라고 할 때의 '저분'이 붙은 것이다. 그러니까 '추접'은 '추하고 정돈되어 있지 않다'라는 의미다. 부산 사투리 '추접다'도 이러한 뜻을 지니며, 표준어 '추접하다', '추접스럽다', '추저분하다'가 축약된 형태다.

'추접다'는 대상이 사물인지 사람인지에 따라 의미에 차이가 있다. 예를 들어 "야, 방이 이렇게 추접을 수가 있나?"처럼 사물에 대해 사용하면 '더럽다'라는 의미가 된다. 어지럽고 청결하지 못하다는 것이다. 사람에 대해 '추접다'를 사용할 때는 더 복잡한 뉘앙스를 지닌다. "좀 추접게 먹지 마라! 입도 닦고…"라고 하면 '게걸스럽다', '칠칠치 못하다'라는 의미가 된다. 그런데 경고의 메시지를 담아서 행동을 지적하며 "추접게 굴지 마라"라고 하면 '도리에 어긋나다', '무례하다', '비열하다'의 의미를 포함한다.

'추접다'의 쓰임새는 표준어 '추접하다', '추접스럽다', '추저분하다'에 비해 다양하다. 표준어로 '추접하다', '추접스럽다', '추저분하다'는 대개 사람의 행동에 대해 사용하고, 부정의 강도가 세다. '추접다'는 사물에도 사용할 수 있고, 부정의 강도도 약부터 강까지 다양하다. 문학작품에도, 현실적인 대화 속에도 '추접다'가 종종 나온다. 이문열 작가의 『구로 아리랑』에도 등장한다.

이와 같은 풍부함 때문인지 SNS에 떠도는 패러디물에서도 '추접다'라는 사투리를 쉽게 찾아볼 수 있다. 부산 청년에게 '추접다'는 농담이나 웃음을 자아내는 사투리다.

털파리

단어 활용

"너는 또 지갑 놓고 왔나? 털파리다, 털파리!"

단어 정의

곤충이 아니라, 덜렁대고 침착하지 못한 사람을
귀엽게 지칭하는 말. '더펄이'에서 유래한 정겨운 별명.

쓰잘데기 있는 사전

초파리, 똥파리처럼 곤충의 한 종류라고 착각할 수 있다. 하지만 부산과 울산 그리고 경남에서는 '성격이 덜렁대고 침착하지 못한 사람'을 가리키는 말로 사용한다. 부정적인 의미만 있는 것은 아니고, 명랑하고 쾌활하며 주변 사람과 잘 어울리는 성격을 포함하는 때도 많다. 예를 들어 "니는 맨날 물건을 놓고 다니고 정신없네. 털파리다, 털파리"라는 표현처럼 부산에서는 덜렁댄다는 말을 귀엽게 표현하는 방법이다.

'털파리'는 표준어 '더펄이'에서 변형된 말이다. '더펄이'가 토박이말이라는 것도 신기하지만, '더펄이'라는 단어가 있다는 것도 재미있다. 표준국어대사전에서 '더펄이'는 '성미가 침착하지 못하고 덜렁대는 사람'을 뜻한다. 경상도 사투리는 'ㄷ'과 'ㅌ', 'ㅍ'과 'ㅂ'이 종종 혼용되어서, 이러한 음운 변화를 거쳐 '털파리'로 변형되었을 가능성이 있다.

'털파리'는 민간어원으로 해석해 볼 수도 있다. '더펄이'에서 변화했겠지만, 파리처럼 정신없는 곤충의 모습을 빗대어 '털파리'로 사용했다고 볼 수 있다.

타지에도 비슷한 의미의 사투리가 존재한다. 표준어에서는 '털파리'와 같은 의미로 '더펄이', '덤벙이', '덜렁이'라는 단어가 사용된다. 이 중 '덤벙이'와 '덜렁이'는 널리 쓰이며, 부산에서도 '털파리'가 점차 사라지고 '덤벙이'로 대체되고 있다. 강원도에서는 '더펄이'를 변형한 '더풀이', '더펄겡이' 같은 사투리가 쓰인다. 이러한 단어도 부산의 '털파리'처럼 성격이 침착하지 못하고 덜렁대는 사람을 가리키는 표현이지만, 부산의 '털파리'가 귀여운 뉘앙스고, 강원도에서는 단순히 부주의한 사람을 뜻하는 경우가 많다.

'털파리'는 단순히 사투리가 아니라, 지역 언어의 유쾌한 특성과 거침없는 문화를 반영하는 표현이다. '털파리'는 누군가의 덤벙거리는 모습을 애정 어리게 표현한다는 점에서 재미있다.

파이다

단어 활용

"그 옷 좀 파인데. 딴 거 입어라."

단어 정의

'형편없다', '도저히 아니다'라는 의미. 사물이나 사람, 분위기 등에 두루 쓰이는 강한 부정의 표현.

'파이다'는 얼핏 들으면 장마철에 도로가 '파이다'처럼 들린다. '파이다'는 표준어로 '별로다', '나쁘다'라는 뜻이다. 어르신이 많이 사용하며, 젊은 세대도 자주 들어 본 친숙한 단어다.

'파이다'의 어원 중에서 잘 알려진 이야기는 '장이 파했다' 등에서 쓰이는 '파하다'다. 이 말이 경상도식 발음과 억양인 '파이다'로 변한 것으로 볼 수 있다. 이 '파이다'는 마칠 '파(罷)' 자를 쓰며 '파장', '파면', '파양' 등의 단어에서 사용한다.

'파이다'는 생활 속에서 '별로다', '형편없다'와 거의 같은 의미로 쓰인다고 볼 수 있는데, 예를 들어서 "그 옷 파인데", "여기 분위기 파이다" 등으로 활용할 수 있다. 강조를 위해서 '파이다' 앞에 "여엉~"을 붙여 사용할 수 있다. 그러나 강조만 하기보다는 "도저히 아니다"라는 강한 부정의 뜻이다.

'파이다'는 어떤 사물이나 행동이 마음에 들지 않는다는 의미로, 이를 대체할 말로는 '꽝이다', '구리다', '후지다'가 있다. 특히 사람, 사물, 행동 등에 사용하며 범용성이 넓다. "그 아는 성격이 쫌 파이다", "아들이 안마의자를 사 줘서 써 봤는데 영 파이다"처럼 쓰인다. 이렇게 부산 사투리의 특징 중 하나인 직접적인 표현을 피하며, 완곡하게 말하는 것이다. 경상도 스타일의 매력적인 어휘다.

긍정적으로 답할 때 사용하는 어휘는 '개안타'라고 볼 수 있다. 예를 들어 "이 가방 샀는데 어떻노? 예쁘제?"라는 질문에 별로라고 답할 때는 "영~ 파이다"라고 할 수 있고, 예쁠 경우에는 "개안타"라고 담백하게 답할 수 있다. 그렇지만 이 '파이다'와 '개안타'는 단순히 '안 좋다', '괜찮다'로 답할 때보다 더 따뜻한 마음을 전달할 수 있다.

72

한바닥

단어 활용

"숙제 한바닥 써 오라 했다 아이가."

단어 정의

'한 페이지'를 뜻하는 표현. 부산, 울산, 경남에서 일상적으로 쓰는 지역 특유의 단위 개념.

쓰잘데기 있는 사전

'한바닥'은 부산, 울산, 경남에서 사용하는 사투리로, 표준어로는 '한 페이지' 또는 '한 면'을 뜻한다. '바닥'이라는 말은 마루의 바닥이나 로비의 바닥과 다르며, 물건을 세는 단위인 '면(面)'을 가리킬 때 사용하는 지역적 표현이다.

이 '바닥'은 물리적 표면뿐만 아니라 특정한 양이나 단위를 나타낼 때도 사용한다. 예를 들어 선생님께서 "숙제로 몇 바닥 써 오세요"라고 하면, '몇 바닥'은 '몇 페이지'를 의미한다. '바닥'이 가지는 넓은 의미가 지역 사투리 속에서 특정 의미로 축소된 결과로 볼 수 있다.

'한바닥'이라는 단어는 일상적인 대화뿐만 아니라 특이한 프로젝트에서도 활용된 사례가 있다. 2017년도 부산대학교 새벽벌도서관에는 '한바닥'이라는 이름의 글 자판기가 설치된 적이 있다. 이 자판기는 익명의 사람이 작성한 글을 출력해 주는 기계로, 시험공부에 지친 학생들에게 신선한 재미와 감동을 선사했다고 한다. 특히 이 자판기는 부산 사투리에 착안해 이름을 지었으며, 지역의 정서를 담은 창의적인 사례로 평가받았다. 그러나 2020년경 도서관 공사로 인해 현재는 사라진 상태라고 한다.

'한바닥'은 사투리로 느껴지지 않는 경우가 많다. 이처럼 표준어와 경계가 모호한 단어는 '알아채기 어려운 사투리'라 부를 수 있다. 이러한 단어들은 부산 사투리의 독창성을 유지하면서도 다른 지역에도 비교적 쉽고 재미나게 수용될 수 있을 것 같다.

'한바닥'으로 다른 지역 사람과의 대화에서 예상치 못한 문화적 차이를 깨달을 수도 있다. 부산, 울산, 경남 출신 학생이 서울 친구들에게 "숙제로 한바닥 해야 한다"라고 말했을 때 상대방이 '한바닥'이 무엇인지 몰라 당황했다는 이야기가 대표적이다. 이러한 에피소드는 지역 언어가 소통의 재미와 동시에 장벽을 제공할 수 있다는 점을 보여준다. '한바닥'처럼 일상적이고 자연스러운 사투리는 지역 색깔을 부각하거나 지역 감성을 전달하는 데 효과적이다.

73

한코스

단어 활용

"버스 한코스만 가면 된다 카더라."

단어 정의

대중교통을 이용할 때 '한 구간', '한 정거장'의 의미로 쓰이는 생활 밀착형 사투리.

외지인에게 '코스'는 '코스 요리'를 말할 때 많이 사용하는 정도여서, 부산에서 사용하는 사투리 '한코스'가 재미있었다.

'한코스'는 외래어 '코스(Course)'에서 유래한 표현이다. 경로, 과정 또는 여행의 구간을 의미한다. 비슷한 의미로 영어 '레인(Lane)'도 있다. 육상이나 수영에선 레인을 쓰고, 골프나 경마에선 코스를 쓴다. 레인은 직선 경로고, 코스는 구불구불한 느낌이다. 구불구불한 곡각지가 많은 부산의 지형상 코스가 쓰이는 것 같다.

즉 부산을 포함한 경상도에 '정거장(停車場)'이나 '구간(區間)'을 뜻하는 대체 표현으로 자리 잡았다. 부산의 사투리에서는 영어 단어를 지역적 맥락에 맞게 변형하는 사례가 자주 나타난다. 경상도 지역은 외래어를 흡수하여 독특한 방식으로 사용하는 언어적 창조성을 보여 준다.

'한코스'는 부산 사투리의 특성을 잘 보여 준다. '정거장', '구간'이라는 복잡한 한자 표현 대신, 쉽게 발음할 수 있는 '코스'라는 단어가 교통수단에 널리 사용된다. 대중교통을 많이 이용하는 지역적 생활 양식과 맞물려 발전하게 되었으며, 현재도 일상에서 자주 들을 수 있다.

부산의 '한코스', '두코스'라는 표현은 유독 대중교통을 이용할 때 쓰인다. 버스와 관련하여 시작된 표현으로 알려졌으나, 현재는 버스뿐 아니라 지하철을 탈 때, 특정 정거장에 도착하기 위해 몇 구간을 더 가야 하는지 말할 때 사용한다. 예를 들어, "한코스만 더 가면 내려야 한데이"라는 식이다. "한코스"라는 말의 짧고 직관적인 특성 덕분에 일상에서 효율적인 의사소통 수단으로 자리 잡고 있다고 볼 수 있다.

'한코스'는 부산과 경상도에서 주로 사용한다. 다른 지역에서는 이와 유사한 표현이 잘 나타나지 않는다. 수도권 그리고 충청도와 강원도에서는 표준어인 '한 정거장' 또는 '한 구간'이라는 표현이 더 많이 사용된다.

'한코스'는 단순히 교통 구간을 나타내는 말에 그치지 않고, 부산의 언어적 아이덴티티를 반영하는 중요한 요소라고 볼 수 있다.

해깝다

단어 활용

"저 박스는 해까버가 내 혼자서도 들고 갈 수 있겠다."

단어 정의

'가볍다'는 뜻의 부산 사투리로,
말이나 행동이 철없고 경솔하며 진중하지 못할 때도
사용하는 표현.

이용할 때 쓰인다. 버스와 관련하여 시작된 표현으로 알려졌으나, 현재는 버스뿐 아니라 지하철을 탈 때, 특정 정거장에 도착하기 위해 몇 구간을 더 가아 하는지 말할 때 사용한다. 예를 들어, "한코스만 더 가면 내려야 한데이"라는 식이다. "한코스"라는 말의 짧고 직관적인 특성 덕분에 일상에서 효율적인 의사소통 수단으로 자리 잡고 있다고 볼 수 있다.

'한코스'는 부산과 경상도에서 주로 사용한다. 다른 지역에서는 이와 유사한 표현이 잘 나타나지 않는다. 수도권 그리고 충청도와 강원도에서는 표준어인 '한 정거장' 또는 '한 구간'이라는 표현이 더 많이 사용된다.

'한코스'는 단순히 교통 구간을 나타내는 말에 그치지 않고, 부산의 언어적 아이덴티티를 반영하는 중요한 요소라고 볼 수 있다.

해깝다

단어 활용

"저 박스는 해까버가 내 혼자서도 들고 갈 수 있겠다."

단어 정의

'가볍다'는 뜻의 부산 사투리로,
말이나 행동이 철없고 경솔하며 진중하지 못할 때도
사용하는 표현.

부산 사투리 '해깝다'는 '해꼽다', '해껍다'라는 형태로도 쓰인다. 뜻을 풀이하면 '가볍다'라는 의미다. 짐 같은 것을 들면서 "에끼비끼 네 혼자서도 들고 갈 수 있겠다"라며 대상의 가벼움을 표현한다. 또는 "니가 그래 말해 주니 내 마음이 해깝다"처럼 심리 상태에도 사용하고, "입이 해깝다"라며 진중하지 못한 사람을 빗대어 말할 때도 쓴다.

'해깝다'를 표준어 '가볍다'의 사투리로 이해하여 반대말은 '무겁다'라고 생각하기 쉽다. 부산에서 '해깝다'가 사용되는 상황을 보니 반대말은 '무겁다'보다 '묵직하다'가 더 적합하다. '무겁다'와 '묵직하다'는 비슷하면서도 다른 의미를 지닌다. '무겁다'는 무게가 객관적으로 많이 나감을 의미하지만, '묵직하다'는 예상보다 무거울 때 사용한다. '해깝다'는 이 '묵직하다'처럼 예상보다 가벼울 때 사용하는 경우가 많다. '해깝다'에 정확하게 들어맞는 표준어는 없다고 할 수 있다.

'해깝다'의 유래는 정확하게 알기 어렵다. 몇 가지 설을 소개하면 '속이 비어 있음'을 의미하는 '허(虛)'와 형용사를 만드는 접사 '-갑다'가 결합해서 만들어졌다는 거다. '-갑다'는 예를 들어 '고깝다', '아깝다', '가깝다'처럼 어간과 붙어서 형용사를 만드는데, 이것이 '허'랑 합쳐지면 '헛갑다'

가 되고, 다시 변하여 '해깝다'가 되었다는 설명이다. '허'가 '허공', '허무'처럼 무언가가 비어 있음을 뜻하는 글자라서, 그로부터 가볍다는 의미가 파생된 것은 쉽게 이해할 수 있다.

'해깝다'는 강원도에서도 쓰이는 말이다. 그리고 북한에서도 사용된다고 한다. '방언 주권론(周圈論, Center versus periphery)'을 볼 수 있다. 표준어가 사용되는 지역을 동심원의 중심이라 한다면 그로부터 거리에 따라 유사한 형태의 말이 사용된다는 이론이다. 이것은 오래된 말의 형태가 그대로 남아 있는 등 다양한 사회 문화 경제적 영향에 의해 나타나는 현상인데, '해깝다'도 여기에 해당하여 강원도와 부산에서 공유하는 말이다. '해깝다'는 이효석의 소설 『메밀꽃 필 무렵』에도 나온다.

홍큐공

단어 활용

"어릴 때는 홍큐공으로 잘 놀았는데."

단어 정의

딱딱한 '야구공'을 뜻하는 일본어 '홍큐(硬球)'에서 유래한 부산 특유의 말.

'홍큐공'은 '야구공'을 의미한다. '홍큐공'과 '난큐공'은 일본어에서 유래했다. 테니스보다 '연식 정구'가 더 인기가 있던 시기가 있는데, 이 스포츠에서는 고무로 만든 '연식구(軟球, 난큐)'를 사용했다. 이때 쓰이던 공을 '난큐공'이라고 불렀고, 돌처럼 단단한 야구공은 '홍큐공(硬球, 경식구)'이라 불렀다. '경식구'라는 표현도 있지만, '홍큐공'이라는 말이 더 익숙하다.

'홍큐'는 일본어 '本球(ほんきゅう, 본구)'에서 유래한 말이다. '本(ほん)'은 '근본'이나 '본래'를 뜻하며, '진짜' 또는 '정식'이라는 의미를 내포한다. 다시 말해 '홍큐공'은 '본래의 공', 즉 '정식 야구공'이라는 의미로 해석할 수 있다.

부산은 일제강점기부터 일본의 영향을 많이 받은 지역 중 하나며, 야구가 특히 인기 있는 도시다. 이러한 지역·역사적 배경 덕분에 '홍큐공'이라는 표현이 뿌리내리고, 오늘날까지도 특색을 지닌 말로 살아남았다고 보인다.

'홍큐공'은 요즘에는 잘 사용되지 않지만, 과거에는 전국적으로 '경구' 혹은 '야구공'이라 불렀다. 그런데 부산에서는 흥미롭게도 야구공의 종류에 따라 '난큐', '중큐', '홍큐'로 구분했다. '난큐'는 연식 고무공인 '연구(軟球)'의 일본식 발음을 따른 것이며, '중큐(中球)'는 '난큐'와 '홍큐' 사이,

중간 경도의 야구공을 의미한다.

여러 스포츠 전문 쇼핑몰에서 여전히 다양한 '홍큐공'과 '난큐공'을 취급하는 것을 보면, 아직도 일정한 수요가 있다는 점을 알 수 있다. 제품 사진을 보니, 프로야구 선수들이 사용하는 것과 비슷한 단단한 공이 '홍큐공'이고, 초등학교 체육 시간이나 동네 운동장에서 친구들과 놀 때 사용하는 부드러운 고무공이 '난큐공'인 것 같다.

지금은 '홍큐공'이라는 단어를 들어 본 젊은 세대가 많지 않지만, 야구를 좋아하는 이전 세대에게는 여전히 마음 한편의 따뜻한 추억을 떠올리게 하는 말인 것 같다.

76

히마리

단어 활용

"너는 히마리가 없다, 히마리가!"

단어 정의

생각이나 기운이 없고 멍한 상태를 표현하는 말.
의욕이나 끈기 부족을 지적할 때도 사용.

쓰잘데기 있는 사전

'히마리'를 표준어로 하면 '힘', '기운' 정도로 설명할 수 있다. 다만 사투리 '히마리'는 많은 경우 "히마리가 없다"라는 식으로 '없다'와 함께 쓰인다는 점이 특징적이다. "아~가 입이 짧으니 잘 먹지도 않고 맨날 히마리가 없네"처럼 사용한다. "히마리가 있다"라고 할 수 있지만, 이때는 "히마리가 있어야제!"처럼 '히마리'가 필요하다는 의미로 사용한다.

'히마리'는 일본어처럼 들리는 사투리 중 하나다. 그래서 '히마리'의 유래를 일본어에서 찾기도 한다. 일본어에 '시마리(しまり)'라는 말이 있다. '느슨하지 않고 꼭 죄어 있음'을 의미한다. '시마리가 있다' 또는 '시마리가 없다'라고 사용할 때는 야무진 데가 있거나 없다는 뜻이 된다. '시마리가 없다', 즉 야무진 데가 없고 힘이 빠져 있다는 일본어의 앞 글자의 발음이 'ㅅ'에서 'ㅎ'으로 바뀌어서 부산에서 사용하는 '히마리가 없다'가 되었다는 설명이다. 'ㅅ'과 'ㅎ'은 서로 발음이 왔다 갔다 하는 경우가 많다.

'히마리'의 또 다른 유래는 '힘'에 접미사 '-아리'가 붙었다는 설명이다. '-아리'는 작거나 하찮음을 나타내고 대상을 낮잡아 볼 때 사용하는 접미사다. '이파리'나 '쪼가리'가 대표적이다. '이파리'는 '잎'에 '-아리'가, '쪼가리'는 '조각'에 '-아리'가 붙어서 작음을 나타낸다. 이처럼 '힘'에도 '-아리'가 붙어서 '히마리'가 되었고, 작은 힘, 기운이 없는 모습을 "히마리가 없다"라고 표현한다. '히마리가 없다'와 비슷하게 사용하는 '매가리가 없다'라는 말이 있는데, 이것도 동일하게 설명할 수 있다. 여기서 '맥'은 기운이나 힘의 의미로 사용하는데, 이 '맥'에 '-아리'가 붙어서 '매가리'가 된 것이다.

'히마리'는 발음과 표기법이 다양하다. '히마리' 대신 '히바리'라고 하는 사람도 많고, '히마리'를 '힘아리'라고 표기하는 때도 제법 있다. 다양하게 발음, 표기한다는 사실은 '히마리'가 그만큼 일상에서 친숙한 사투리라는 것을 알 수 있다.

네 글자 사투리

표현도 길어지고 말맛도 깊어진다.
부산의 긴말 사투리.

**긴 말끝마다 사연이 묻어 있고,
억양마다 살아온 날들이 비친다.**

가다마이

단어 활용

"할배는 늘 가다마이 정장만 입으신다."

단어 정의

일본어 '가타마에'에서 유래한 말.
싱글 재킷 또는 양복을 뜻하는 지역적 표현.

'가다마이'는 전국적으로 어른들이 사용하는 단어지만, 특히 부산, 울산, 경남에서 많이 사용한다. 양복 중 '싱글 재킷'을 의미한다.

'가다마이'는 일제강점기에 일본어 '가타마에(片前, かたまえ)'에서 유래한 말이 한국어 사투리로 변형되어 정착했다. 나이가 많은 세대에서 주로 사용한다.

일본어에서 양복의 싱글 버튼 상의가 '가타마에'고, 더블 재킷은 '료마에(兩前, りょうまえ)'다. 다시 말해 '가다마이'의 경우 양복 한쪽을 앞으로 덮어 올린다는 의미로도 볼 수 있다. 그리고 더블 재킷은 양쪽에서 여민다는 의미로 양쪽 혹은 두 쪽이라는 한자 '량(兩)'을 써서 '료마에'라고 부른다. '가타마에'의 경우 원래는 싱글 재킷에만 해당한다고 볼 수 있다. 일본이 한국을 지배하던 일제강점기에, 서양 복식을 먼저 받아들인 일본에서 한국 사회로 전파되었다고 볼 수 있다. 결국 이 시기의 복식(服飾) 문화와 언어적 영향을 통해 일본어가 그대로 차용되거나 변형되면서 '가다마이'라는 표현이 만들어졌다.

2007년 개봉한 영화 <이장과 군수>에서 "군수가 옷차림이 그게 뭐여, 나처럼 이런 가다마이 정돈 입어 줘야지"라는 대사가 나온다. '가다마이'는 '갖추어 입은 양복'을 뜻한다. 이 장면은 관객에게 '가다마이'라는 단어의 생소함과 사투리 특유의 독특함을 전달하며, 코미디 장르의 유머를 강화한다.

'가다마이'와 같은 일본어 기원의 부산 사투리는 시간이 흐르면서 축약되거나 국어 순화 운동의 일환으로 한국어로 바뀌는 양상을 보인다. 특히 '가다마이'가 전국적으로 '마이'나 '재킷', '블레이저'로 간소화된 현상은 젊은 세대가 외래어를 간편하고 현대적으로 재해석하고 있음을 보여준다. 이는 언어가 시대적 흐름과 지역적 특성에 따라 끊임없이 변모한다는 점을 드러낸다. 하지만 일부 단어들은 사용 빈도가 점점 줄어들면서 사라지고 있다.

걸거치다

단어 활용

"이 짐이 여기 있어서 자꾸 걸거친다."

단어 정의

거추장스럽고 방해되는 상태를 표현하는 말.
물리적, 심리적 불편함을 표현할 때 사용.

네 글자 사투리 걸거치다

"목걸이가 목에 걸거치는 게 내는 싫다"처럼 쓸 수 있다. 즉 무엇인가 목에서 '걸리적거리다', 또는 '방해되다'라는 의미로 해석할 수 있다.

국립국어원에 '걸거치다'를 검색하면 '거치적거리다'의 경상도 방언이라고 소개한다. '걸거치다'는 표준어인 '거치적거리다'와 형태가 비슷해서 외지인도 그 뜻을 유추해 내기 쉽다.

사투리 '걸거치다'는 사람이든 사물이든 어떤 것이 방해되는 경우를 말하는 표현이다. 표준어와 의미 차이는 없다고 볼 수 있다. 차이를 구분한다면 심리적으로 방해되는 경우보다 물리적인 요소가 작용했을 때 더 많이 사용하는 것 같다. 또 신경 쓰이고, 귀찮다는 의미로도 쓰인다.

대부분 무언가가 거슬리는 경우 이 표현을 사용하기 때문에 "걸거친다. 치아라"처럼 쓸 수 있다. 또 불편한 상황에서도 쓰일 수 있다. 예를 들어 앞머리가 눈을 가려 앞이 잘 안 보이는 경우나 영화관에서 옆에 앉은 사람 때문에 불편한 경우에도 '걸거치다'를 쓸 수 있다. 또 나를 누가 괴롭히거나 귀찮게 할 때 "내 말했다, 걸거치게 하지 말고 가라"처럼 활용한다.

'걸거치다'의 대체 표현은 다양하다. '거슬린다', '거추장스럽다', '방해된다', '걸리적거리다', '귀찮다', '신경 쓰인다', '불편하다'처럼 눈에 보이고, 신체에 닿아서 방해되어 나를 귀찮게 한다는 의미가 포함된 표현이다.

'걸거치다'는 부산과 경남에서 가장 많이 사용하고, 경북에서는 조금 다른 발음으로 사용한다. 같은 경상도지만 미묘한 차이가 존재한다. 경북에서는 '갈그치다'라고 사용한다. 발음이나 억양에서 차이가 있다. 전라도에서는 '걸치작거리다', '걸리작거리다', 제주도에서는 '걸짝거리다', '걸부뜨다'라고 한다. 저 멀리 강원도에서는 '갈고치다'라고 한다. 대부분 어형은 비슷하지만, 발음이 조금씩 변형된 모습이다. 이렇게 지역에 따라 표현 스타일이 다르지만, 무엇인가 물리적으로 방해되는 요소가 있을 때 주로 사용한다는 면에서는 전국적으로 동일한 것 같다.

까리하다

단어 활용

"니 그 옷이랑 모자 좀 까리하네."

단어 정의

멋지고 세련된 것을 칭찬할 때 쓰는 말로,
'간지나다'라는 의미를 내포한 속어성 사투리.

"니 오늘 까리한데?", "오늘 까리하게 입고 왔네"라고 사용할 수 있는 '까리하다'는 '멋지다'의 부산 사투리다. BTS의 노래 <어디에서 왔는지>의 가사에도 늘어가며, '까리뽕삼'이란 말도 있다.

표준국어대사전에서 '까리'의 뜻은 '길거리를 떠돌아다니는 사람을 속되게 이르는 말'이라고 한다. 그런데 이 '까리'는 원래 깡패나 불량배를 가리키는 말이기 때문에, 멋있긴 하나 불량스러움을 담고 있다고 볼 수 있다. '까리하다'라는 단어는 상남자의 상징인 부산 사나이의 말투와 만나 '거칠지만 멋지다' 또는 '멋있다'로 변화했다고 볼 수 있다. 과거엔 '뽀대나다', '간지나다'라고도 했다. 외에 비슷한 부산 사투리로 '깔롱지다', '깔쌈하다'가 있다.

'까리하다'는 보통 외모나 스타일이 멋있고 돋보이는 것을 의미한다. 예를 들어 인스타그램이나 페이스북 등의 SNS에서 업로드한 사진이 멋질 때 '까리하네'라고 말할 수 있다. 쿨한 느낌을 뜻한다. 한편 '깔롱지다'의 뜻은 옷매무새 헤어 스타일 등을 멋 부려서 화려하다는 의미를 가진다. '까리하다'는 화려하지 않지만, 은근한 멋이 뿜어져 나오는 느낌이고 '깔롱지다'는 한껏 멋 부린 모습이라고 보면 될 것 같다. 그래서 '까리하다'는 긍정적인 느낌이고,

'깔롱지다'는 오버한다는 뉘앙스를 지녔다고 볼 수 있다.

부산 사투리인 '까리하다'는 젊은 세대에서 유행어가 되기도 했다. 어떤 물건이나 사물 등의 특징이 독특하고 멋있어 보일 때 주로 사용한다. 영어로는 'Sexy and Flashy'로 표현되면서 매우 쿨한 느낌을 풍긴다. 이 말이 2000년대 들어와서 부산을 벗어나 전국적으로 유행하게 되었는데, 이처럼 지역 사투리가 전국으로 진출하는 사례가 갈수록 늘어 가고 있다. 이런 것을 신방언이라고 하는데, 자랑스러운 부산발 신방언이 많아지길 희망한다.

디비쪼다

단어 활용

"그때는 말 안 하고, 이제 와서 디비쪼노?"

단어 정의

'뒷북치다' 또는 우선순위를 잘못 두고 나중에 엉뚱하게 반응하는 것을 비꼬는 말.

'디비쪼다'는 다소 답답한 행동을 목격했을 때 사용하는 말로, 다양한 상황에서 쓰인다. 표준어로 하면 '뒷북치다' 정도로 해석할 수 있다. 즉 때에 맞지 않게 뒷북치는 행동이나 말을 할 때 사용한다. "지난번에는 가만히 있다가, 와 이제 와서 디비쪼노?"처럼 말한다. 다시 말해 일의 우선 순위가 잘못되거나, 엉뚱한 일을 할 때 사용하며 부산, 울산, 경남 중심의 사투리다.

'디비쪼다' 중 '디비다'는 표준어 '뒤집다'에서 유래한 사투리다. 사투리 '디비다'에는 두 가지 뜻이 있는데, 우선 '뒤지다'의 뜻으로 사용하는 경우다. "저기 장롱 좀 잘 디벼 봐라"라고 말할 수 있는데, 표준국어대사전에서 '무엇을 찾으려고 샅샅이 들추거나 헤치다'라고 정의한다. 다른 뜻은 '뒤집다'다. 이는 "디비 자라"의 '디비'다. "니는 할 거 없으면 마 그냥 드가서 디비 자라", "소고기 타기 전에 얼른 디비 바라"라고 말할 수 있다. 이처럼 '디비쪼다'의 '디비'는 '뒤집다'에서 유래했다고 볼 수 있다.

'쪼다'는 표준국어대사전에서 '조금 어리석고 모자라 제 구실을 못하는 사람 또는 그런 태도나 행동을 속되게 이르는 말'이라고 정의한다. 다만, '디비쪼다'의 '쪼다'는 표준어 '죄다' 또는 '조이다'로 해석한다. "어여 와서 여기 좀 쪼

쓰잘데기 있는 사전

아라"라는 형태로 활용한다.

지역의 정체성을 나타내는 언어가 사라지면 안 된다는 생각을 자수 한다. 무산 사투리가 사라진 다음에 아차 싶어서 사투리를 보존하고자 노력하는 것이 '디비쪼는' 상황이며 돌이킬 수 없는 실패다. 표준어만 대접받는 세상이 아닌 지역 언어를 보존하고 함께 사용하는 것이야말로 진정한 다양성을 인정하는 셈이다.

맨날천날

단어 활용

"맨날천날 지각하네, 진짜!"

단어 정의

매일같이 반복된다는 뜻.
짜증과 정겨움이 묻어나는 일상 말투.

'맨날천날'은 표준어 같아서 사투리인 줄 모르는 사람이 많다. 사실 '맨날'은 표준어다. 국립국어원에 따르면 원래 '만날'이 표준언데, '맨날'도 2011년도에 복수 표준어로 인정했다고 한다.

'맨날'처럼 앞에 '맨-'이 붙은 말은 생각보다 많다. 맨눈, 맨다리, 맨땅, 맨발, 맨손, 맨주먹 등이 있다. 이때 '맨-'은 '다른 것이 없는'이라는 뜻이다. '맨날'의 '맨-'은 '매일같이 계속하여서'라는 의미다.

'맨날천날'은 경상도 사투리로 '매일매일'을 뜻한다. 경북에서는 '만날천날'을 더 많이 사용하는 것 같다. 어원을 살펴보면 '만날천날'은 '맨날'에서 '만날'로 변형되고, 숫자 '10,000(萬) 날'의 형태로 바꾸어서 해석하는 사람이 생겼다고 볼 수 있다. 그래서 '10,000(萬) 날'과 '1,000(千) 날'로 사용된다고 볼 수 있다. '천날만날'처럼 사용하기도 한다.

'맨날천날'은 "니는 맨날천날 디비 자기만 할 끼가?", "니는 맨날천날 폰만 보지 말고 사람 좀 만나고 그래라!", "누부야는 맨날천날 라면만 묵네"처럼 쓰인다. '맨날천날'은 주로 부정적인 문장에 들어가며, 상대의 변함없는 행동, 똑같은 패턴을 비꼬거나 비난할 때 사용한다.

'맨날천날'을 대체할 수 있는 단어로는 '매일', '시도 때도 없이', '허구한 날', '밤낮 주야', '백날천날' 등이 있다. '백날천날'도 비슷한 뜻으로 사용되지만, 장면에 따라 '백날천날'은 '여러 날', '오랫동안'의 의미고, '맨날천날'은 '매일', '언제나'의 뜻을 강하게 표현한 사투리라고 볼 수 있다.

'맨날천날'만큼 그 특유의 아니꼬운 느낌을 살리는 사투리는 없는 것 같다. 이 표현은 아웅다웅하면서도 서로에게 애정을 담아 이야기할 때 주로 사용하는 것 같다. 미운 상대에게 귀엽게 사용하는 깔롱진 부산 사투리 '맨날천날'이다.

쓰잘데기 있는 사전

82

볼가먹다

단어 활용

"맨날 와서 점심만 볼가먹고 간다 아이가."

단어 정의

얄밉지만 미워할 수 없는 말버릇.
정 많은 부산에서만 가능한 능청맞은 공짜 말.

네 글자 사투리 　　　　　　　　　　　　볼가먹다

부산에서는 '볼가먹다'보다 '뽈가먹다', '뽈가묵다'라고 발음하는 사람이 훨씬 많다. '볼'보다 된소리 '뽈'이라고 귀에 꽂히게 발음해 줘야 맛깔스러움이 전달된다.

'볼가먹다'는 '발라 먹다'의 사투리다. '발라 먹다'를 들으면 일반적으로 두 가지 의미를 떠올린다. 우선 '빵에 잼이나 버터를 발라 먹다'다. 이것은 '바르다'와 '먹다'가 합쳐진 형태다. 또 하나는 '씨나 가시를 빼내고 먹다', '뼈다귀의 살을 잘 추슬러 뜯어 먹다'의 '발라 먹다'다.

사투리 '볼가먹다'는 후자의 의미다. 감자탕을 먹을 때 부모님이나 주변 사람에게 "뼈에 붙은 살 좀 잘 볼가먹어라, 아깝다"라는 말을 들을 수 있다. 씨보다는 가시나 뼈다귀만 남기고 생선이나 고기를 야무지게 먹는 모습이나 그 결과물에 대하여 '볼가먹다'를 자주 사용한다.

'볼가먹다'는 이러한 의미에서 파생된 다른 의미도 가진다. "오늘 성과급 탔단다, 우리 그 돈 좀 볼가먹자"처럼 쓰는 '볼가먹다'는 반강제적으로 얻어먹는다는 뜻을 가진다.

'볼가먹다'에는 '뜯어먹다'에 가까운 의미도 포함된다. 남을 졸라서 얻어 내는 '뜯어먹다'다. 실은 '볼가먹다'가 유래한 '발라 먹다'에는 "잼을 발라 먹다", "가시를 발라 먹다"처럼 무언가를 먹는 모습을 나타내는 것 말고 '남을 꾀거나 속여서 물건을 빼앗아 가지다'라는 뜻의 '발라먹다'도 있다. "니 내 좀 볼가먹지 마라"처럼 활용한다.

'볼가먹다'는 '뜯어먹다'와는 확실히 다르다. '뜯어먹다'는 부정적인 뉘앙스만을 지니는데, '볼가먹다'는 그렇지 않다. '볼가먹다'가 쓰이는 상황을 생각해 보면 친구를 비롯하여 매우 친밀한 관계 사이에서 사용하는 경우가 대부분이고 약간의 유머, 우스개의 의미를 포함한다. 당하는 사람도 그러한 사실을 알고 있고 한턱내는 느낌이 난다.

예를 들어, "그래, 다 볼가먹어라. 내가 쏠게!"라는 말을 "그래, 다 뜯어 먹어라. 내가 쏠게!"라고 하면 이상하다. 부정적인 뉘앙스인데 유머와 다정함이 묻어나는 점이 '볼가먹다'의 멋이다.

83

빨간고기

단어 활용
"이 빨간고기 맛나네."

단어 정의
제사상에 오를 만큼 귀한 생선.
붉은빛 나는 생선들을 아우르는 단어.

부산 사람이 아닌 경우 '빨간고기'라는 말을 들으면 '붉은색을 띠는 고기'를 떠올릴 것 같다. 닭고기 같은 흰 고기가 아니라 소고기, 돼지고기 등을 말한다. 하지만 부산에서는 물고기, 즉 생선을 일컫는 사투리다.

부산에서 '빨간고기'라고 부르는 생선은 표준어로 '눈볼대'라고 하는 것이다. '금태'라고도 한다. '눈볼대'의 외형은 눈이 크고 몸 전체가 연한 붉은빛이다. 표준어의 '눈볼대', 부산 사투리의 '빨간고기'는 각각 이러한 특징을 반영한 것이다. '빨간고기', '눈볼대'는 보통 30cm 전후의 크기를 자랑하고, 우리나라에서는 제주도를 비롯하여 남해 일대에 잡힌다.

이 '빨간고기'는 고급 어종에 속한다. 흰살 생선이지만, 기름지며 풍미가 좋다. 다만, 수심 100m 이상 되는 곳에서 활동하여 잡기가 어렵다.

'빨간고기'는 부산에서 명절 차례상이나 제사상에 올리는 생선이다. 조상님께 바치는 고급 생선인 셈이다. 차례상이나 제사상에 올리는 음식은 그 지역에서 구할 수 있는 것 중 가장 좋은 것이라는 의미다. 부산은 생선이 다양하고 풍부하게 잡히니 다른 생선도 올라가지만 '빨간고기'가 값비싸고 의미 있어서 타지와 달리 자주 쓰인다.

원래 '빨간고기'는 '눈볼대'를 가리키는 것인데, 부산에서 일상적으로 '빨간고기'라는 말을 쓸 때는 조금 더 넓은 의미로 사용한다. 붉은빛이 도는 생선을 '빨간고기'라 통칭하는 경우를 볼 수 있다. 평소 집밥이나 식당에서 흔히 만날 수 있는 열기나 장문볼락이라고 불리는 붉은빛이 도는 생선도 '빨간고기'라고 한다. 원래의 의미에서 실생활에 맞게 단어의 의미가 확장된 경우라고 할 수 있다. '빨간고기'라는 말 자체가 원래 고급스럽고 값비싼 생선을 가리키는 것이다 보니 유사 생선도 빨간고기라며 그 쓰임새를 확대하기도 한다.

상그럽다

단어 활용

"그 햄버거, 먹기 상그럽게 생겼다."

단어 정의

거칠고 거추장스러운 느낌을
단숨에 전하는 부산 사투리.

네 글자 사투리 　　　　　　　　　　　　　상그럽다

'싱그럽다'와 단 한 글자 차인데 전혀 다른 뜻이다. '상그럽다'라는 사투리는 칭찬할 때 쓰지는 않지만, 여러 순간에 적절히 사용하면 그 의미가 와닿는다.

크게 다섯 가지 순간에 사용한다. 제일 많이 사용하는 의미는 '성질이나 행동이 모질고 억세면서 사납다'라는 뜻이다. 두 번째로 '생김새가 험하고 무섭다'라는 의미가 있다. 세 번째로 '비, 바람 따위가 몹시 거칠고 심하다'라는 의미다. 네 번째로는 '상황이나 사정 따위가 순탄하지 못하고 나쁘다'이다. 마지막으로 '음식물 등이 불편하고 좋지 못하다'가 있다.

'상그럽다'의 어원은 알기 어렵다. 표준국어대사전에서는 '보기에 성긴 듯하다'라고 정의하여, '성기다'에서 유추해 볼 수 있다. '성기다'의 뜻을 찾아보면 '물건의 사이가 뜨다'라는 의미다. 여기에서 알 수 있듯이, 불편한 공간을 뜻한다. 이런 상황에서 '상그럽다', '상가롭다'가 유래했다고 볼 수 있다. 또한 '나쁘다'의 제주 사투리가 '성기다'인 것을 볼 때도 좋지 못한 것을 나타내는 의미와 관련성이 있는 것 같다.

박경리의 『토지』라는 작품 속에 등장하는 어휘를 모아 토지사전을 만들었는데, 『박경리 대하소설 토지 인물

사전』이다. 여기서 '상그럽다'를 '상황이 좋지 않다', '불편하나', '보기에 거슬리다'로 해설한다. 드라마 <응답하라 1997>에서 "이런 날 주변에 걸리가 지금 정신 상사도븐께"라고 표현하기도 한다. '정신 사납다'에 해당하는 것이 '상그럽다'인 것이다.

햄버거 체인점에서 신메뉴가 출시되었다. 오징어 다리를 튀겨서 집어넣은 모습이 눈길을 끌었다. 다만 주위에서 이렇게 말했다. "오징어 버거가 맛있어 보이는데 먹기 상그럽겠네." '먹기 상그럽다'는 '먹기 매우 불편하겠다'라는 의미로 받아들이면 알맞은 것 같다.

사투리의 매력은 '현장감'이다. 말하려는 느낌을 듣는 이도 생생하게 느낄 수 있다. '먹기 불편한 햄버거'라고 말하기보다 '먹기 상그러운 햄버거', 이 얼마나 먹기 전부터 심란해지는가? 확 와닿는다.

새그럽다

단어 활용

"이거 왜 이리 새그럽노. 입이 다 오그라든다."

단어 정의

새콤함을 넘어 시큰한 거부감까지 전하는 '새그럽다'.
단순한 신맛을 넘어서 감각을 전하는 언어.

쓰잘메기 있는 사전

어르신이 주로 쓰며, 일상에서 쉽게 듣는 표현이다. "이서 웰게 새그럽노"라고 사용한다.

이 '새그럽다'라는 사투리는 그냥 새콤하고 신 정도가 아니라 복합적인 의미를 가진다. '새그럽다'는 '시다'의 경상도 사투리로 부산, 울산, 경남을 포함하여 대구, 경북에서도 많이 사용한다. 이는 시큼한 음식이나 레몬처럼 신맛이 나는 과일 등을 먹은 후 사용한다.

'새그럽다'의 어원은 '시큼하다'에서 찾을 수 있다. '시큼하다'는 신맛이나 그러한 냄새가 나는 것을 의미하는 표준어다. 경상도에서 '시큼하다'라는 말이 '새그럽다'로 변형되어 사용된다. '시'가 바뀌어 '새'가 되었고, '큼'이 '그'로 바뀌었다.

'새그럽다'와 비슷한 의미로 '시그럽다', '씨그럽다'라는 말도 사용하며, 젊은 세대까지 사용하는 사투리다. '시구롭다', '새구럽다', '시급다'와 '시거럽다', '세거럽다'라는 사투리도 똑같이 '시다'의 의미가 있는데, 이 사투리를 최근에는 잘 사용하지 않는다.

기본적으로 '시큼하다'와 '새그럽다'는 모두 신맛을 나타내는 말이지만, 사용에 있어 차이가 있다. '시큼하다'는 평범하게 발음하지만 '새그럽다'는 약간 거친 느낌으로 발음한다. 또한 상황에 따라 '시큼하다'는 주로 음식이나 물질의 맛, 향을 설명할 때 사용하고, '새그럽다'는 사람의 행동, 분위기 등을 평가할 때도 사용한다. '시큼하다'는 그냥 새콤달콤한 정도의 기분 좋은 신맛이 날 때 사용한다면 '새그럽다'는 생레몬을 먹는 것처럼 약간의 거부감이 들 때 많이 사용한다.

<부산촌놈 in 시드니>라는 프로그램에서 배우 안보현이 지인에게 패션후르츠 맛 아이스크림을 권하는 장면이 나온다. 먹은 지인은 "아우 셔"라고 한다. 안보현도 "너무 새그럽다"라고 한다. 사투리를 사용하여 더 생동감 있는 표현이 가능하다는 걸 알 수 있다.

세아리다

단어 활용

"말뜻을 세아려 보면 꼭 그 사람 이야기 같더라."

단어 정의

단순한 숫자 세기를 넘어, 마음을 짐작하고
뜻을 헤아리는 부산식 사유의 말.

앞 글자가 '세'라서 숫자를 '세다'에서 온 사투리인 줄 아는데, '혜다'에서 온 것이다.

'세아리다'의 원래 표기인 '헤아리다'는 세 가지 뜻이 있다. 먼저 '수량을 세다'라는 의미가 있다. 두 번째로 '그 수 정도에 이르다. 비교적 많은 수에 이르는 경우를 말한다'를 의미한다. 마지막으로 '짐작하여 가늠하거나 미루어 생각하다'이다. '세아리다'는 주로 첫 번째 의미로 사용하지만, 마지막의 '짐작하다'로도 가끔 사용한다.

'세다' 또는 '세아리다'는 그 기원이 '헤다'와 '헤아리다'에 있다. 남쪽 지역에서는 'ㅎ'이 모두 'ㅅ'으로 발음이 바뀌어 '세다', '세아리다' 또는 '세알리다'로 변한다. 'ㅎ' 발음이 'ㅅ'으로 바뀌는 경우는 실생활에 가끔 볼 수 있다. '혓바닥'을 '셋바닥'으로, '헷갈리다'를 '셋갈리다'로 발음하는 것이 있다.

'따분하다'의 다른 단어 '심심하다'도 여기에 해당한다. 원래 어원은 '힘힘하다'였는데, 발음이 변화하여 '심심하다'가 된 것이다. 특이하게 모든 사투리에서 이미 변화한 발음 '심심'으로 나타난다. 'ㅎ'보다 'ㅅ'의 발음이 편해서 그런 것 같다.

'세아리다'는 부산뿐만 아니라 강원도, 경상도, 충청도,

함경도 그리고 중국 흑룡강성 또는 길림성에서도 사용한다. 특히 강원도와 성북에서는 '세아리다' 대신에 '히알리다'라고도 사용한다. 부산에는 주로 '세아리다'나 가끔 '시아리다', '시알리다'와 같은 형태로 사용하기도 한다.

윤동주의 시 '별 헤는 밤'에 등장하는 '헤다' 역시 '세다'의 사투리다. 윤동주의 고향을 찾아보니 중국의 길림성인데, 그래서 그런지 제목에는 '별 헤는 밤'이라고 표현해 두었고, 시의 내용에는 '다 못 헤는 것'이라고 적어 두었다.

'별 세는 밤'보다는 '별 헤는 밤' 그리고 '하나, 둘 새겨지는 별을 이제 다 못 세는 것은'이라는 표현보다 '하나, 둘 새겨지는 별을 이제 다 못 헤는 것은'이 훨씬 사무치게 들린다.

속닥하다

단어 활용

"오늘 저녁은 가족끼리 속닥하게 먹자."

단어 정의

주로 마음 놓고 둘러앉은 테이블에서 나오는 말.
'속닥하다'는 아늑함과 진심이 머무는 온기의 표현.

함께 일하는 동료가 "오늘은 속닥하게 한잔하러 가죠"라고 했을 때, '속닥한 게 뭐기?'라며 혼자 머릿속에 물음표를 띄운 기억이 있다.

표준어로 '속닥속닥'이라는 의태어의 뜻과 겹쳐서 생각하다 보니 '비밀리에 모이자는 건가' 하고 생각했다. '속닥하다'는 표준어로 하면 '오붓하다' 정도로 바꿀 수 있을 것 같다. 조용하고 단출하며 정다운 분위기를 나타낼 때 사용하는 말이다. "이번에는 부산에 있는 가족끼리 속닥하게 명절을 지내려고요"처럼 사용한다.

이처럼 '속닥하다'는 사람이 모였을 때 그 규모가 크지 않은 것으로, 양에 대한 표현이면서 모임이나 공간의 분위기가 아늑하고 편안함을 의미한다. 그 내용, 질에 대한 표현을 함께 내포한 사투리다. '속닥하다'는 '번잡하다', '쓸쓸하다', '정신없다'와 반대되는 분위기를 표현할 때 적합한 것 같다.

우선 '속닥하다'라는 말을 쓸 때는 사람이 모였을 때 규모가 크지 않아야 한다. '규모가 크지 않음'의 기준에 대해 주변 부산 토박이 몇 사람에게 물었다. 식당이나 카페에 가서 한 테이블이 아니라 두 테이블에 앉아야 하는 인원이 되면 '속닥하다'라는 표현은 힘들 것 같다는 거였다. 즉 한 테이블에 옹기종기 모여야 '속닥하다'고 할 수 있다.

  다만 '속닥하다'는 규모에 관한 뉘앙스만을 지닌 게 아니다. 모임이나 공간의 분위기를 묘사할 때도 쓴다. '오붓하다'와 마찬가지로 따뜻하고 아늑한 분위기를 나타내고, 그러한 분위기가 꾸밈없고 솔직하다는 뜻을 함께 지닌다. 예를 들어 "우리끼리 밥 먹으면서 속닥하게 이야기해 보자"라고 하면 정다운 분위기를 넘어서 마음속의 이야기를 편하게 해 보자, 하는 의미가 포함되어 있다고 본다.

  정리하면 '속닥하다'는 작지만 의미 있는 모임, 분위기를 나타내는 사투리라고 할 수 있다. 가족, 친구, 지인과 속닥하게 보내는 시간이 많아지고 그만큼 행복한 일상 또한 늘어나길 바란다.

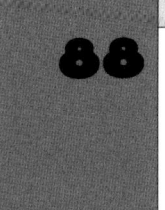

쌔빠지다

단어 활용

"지금까지 쌔빠지게 일했는데!"

단어 정의

있는 힘을 다해 애쓰는 상태나
고생을 강조하는 억센 말투.

'쌔빠지게', '쌔빠지다'는 BTS의 <달려라 방탄>이라는 노래의 가사에 등장해서 화제가 되기도 했다. '쌔'와 '빠지다'가 합쳐진 말이다. 여기서 '쌔'는 '혀'를 의미한다.

사투리로 '혓바닥'을 '쌔빠닥'이라고도 하는데, 그때 말하는 '쌔'다. 그대로 풀이하면 '쌔빠지게', '쌔빠지다'는 '혀빠지게', '혀가 빠지다'라고 할 수 있다. '혀가 빠지는 상황'은 강아지가 혓바닥을 내놓고 헉헉거리는 모습이나 운동을 격하게 한 모습을 떠올려 보면 된다. 혀가 빠질 만큼 힘이 드는 상황, 고생스러운 상황을 말한다.

'쌔빠지게', '쌔빠지다'라는 사투리는 '고생', '힘듦'을 혀라는 신체 부위로 나타내는 관용구다. 표준어에서 신체 부위를 빌려 '고생'이나 '힘듦'을 전하는 말이 또 있다. '등골이 휘다'다. 등골은 척추로, 우리 몸에서 가장 핵심적인 부분인데, 이를 빗대어 힘든 정도를 표현한다. 영어에서는 '엉덩이가 빠지도록'이라는 관용구를 쓴다고 한다. 일본의 경우에는 '뼈가 접힐 정도로 힘들다'가 있다.

부모님께 "쌔빠지게 키워 놨더니"라는 말도 한 번쯤은 들어 봤을 거 같다. 이때의 '쌔빠지게'는 '고생해서'라는 뜻이다. "쌔빠지게 다이어트를 해도 살이 안 빠진다"라고 할 때는 '아주 힘들게'에 가까운 뜻이다. "밤을 새워서 쌔빠지게 놀았더니 힘들다"라고 할 때는 '모든 에너지를 다 써서'라는 뜻으로 사용한다.

'쌔빠지게', '쌔빠지다'는 전라도에서도 같은 뜻으로 사용한다. 보통 부산을 포함한 경상도 사투리와 전라도 사투리는 다르다는 인식이 있다. 실은 '쌔빠지게', '쌔빠지다' 말고도 공유하는 사투리가 제법 있다. 말의 전파 법칙 중 '방언 주권론' 또는 '파동설'이라는 것이 있다. 이 이론은 연못에 돌을 던졌을 때 물결이 중간에서 동심원을 이루며 퍼져나가는 것처럼 사투리도 중심지에서 멀어질 때 특정 권역에서 비슷한 말을 공유하고 있다는 현상이다. '쌔빠지게', '쌔빠지다'는 경상도와 전라도에서 공통으로 나타나는 사투리다.

쑥쑥하다

■

단어 활용

"오랜만에 봤는데 쑥쑥해서 말도 못 붙이겠더라."

■

단어 정의

낯설고 데면데면한 그 분위기. '쑥쑥하다'는
사람 사이의 미묘한 거리감을 짚어 내는 부산 사투리.

개천절에 가까워지면 마늘과 쑥의 효능을 소개하는 신문 기사를 많이 찾아볼 수 있다. 짐승도 사람을 만드는 마늘과 쑥, 이런 느낌이다. 물론 '쑥쑥하다'는 먹는 쑥과는 상관없다.

'쑥쑥하다'는 '어색하다'라는 뜻을 가진 사투리다. 데면데면한 상황이나 느낌을 표현할 때 사용한다. 대학에서 수업하다 보면 학생들에게 조별 과제를 내줄 때가 있다. 처음에 조를 짜면 서로 어색해하고 데면데면해한다. 토의해 보라고 해도 '쑥쑥해서' 진행이 안 된다.

'쑥쑥하다'는 '어색하다'라는 의미를 지녔지만, 거의 분위기에 대해 사용한다. '어색하다'는 물건을 대상으로도 쓸 수 있다. '쑥쑥하다'는 상황이 지니는 느낌을 표현하는 데 특화되어 있다. 조용하고 불편하며 조심스러운 분위기를 표현한다. 싸운 친구와 오랜만에 만나면 '쑥쑥하다'를 사용할 수 있다. "분위기가 쑥쑥하니 한잔하고 있을까?"

'쑥쑥하다'의 유래는 알기 어렵다. 사전을 찾아보면 '쑥쑥하다'는 '지저분하다'라는 뜻을 가진 경남 사투리다. 서부 경남, 특히 진주에서 많이 사용한다고 한다. '쑥쑥다'라고도 쓰인다. 꼬질꼬질한 아이를 보고 "아가 와 이래 쑥쑥하노"처럼 사용하는 사투리다. 혹자는 뜻이 확대되어 어색한 분위기를 나타내는 '쑥쑥하다'가 되었다고 한다. 분위기가 지저분하다, 좋지 않다, 그래서 '쑥쑥하다'라는 것이다.

개인적으로 표준어 '숙숙하다'라는 말에서 유래를 찾아보았다. '엄숙하다'라고 할 때의 '숙'이 반복되어 만들어진 형용사다. 장소나 분위기가 엄숙하고 고요하다는 뜻이다. 이는 '쑥쑥하다'와 통하는 구석이 있어 보인다. 표준어 '숙숙하다'가 부산 사투리의 특징인 센 발음, 즉 된소리를 장착하면서 '쑥쑥하다'가 되었다고 추측해 본다.

사투리의 장점은 우리에게 생각할 거리를 준다는 점도 있다. 사투리는 정확한 어원이나 유래를 찾기 힘든 경우가 제법 있다. 사투리를 이해하고 사용할 때는 일종의 상상력 같은 것이 필요하다. 사투리는 이야기를 나눌 재료가 된다.

알로보다

단어 활용

"니 내를 알로보나. 내가 가만히 있을 줄 알았나?"

단어 정의

상대가 얕잡아 볼 때 튀어나오는 강한 경고.
'알로보다'는 얕봄에 맞서는 부산식 자존심의 표현.

사투리 '알로보다'가 사용되는 장면은 거의 화기애애하지 않다. 주로 불만, 경고를 표하거나 화내는 상황 또는 싸울 때 듣는 사투리다. 억양도 센 경우가 많다. '알로보다'는 외지인이 가지는 부산 사투리의 이미지, 강렬함을 잘 보여 준다.

'알로보다'는 표준어로 하면 '얕보다'라는 뜻을 지닌 사투리다. '얕보다'는 '얕게'와 '보다'의 합성어다. 즉, 어떤 사람이 지닌 여러 측면을 고려하지 않고 단순하게 생각하여 '얕다', '얄팍하다'고 여기는 것을 의미한다. "니 내를 알로 보나", "아가 얼라라고 알로보면 안 된데이"처럼 사용한다. "알로친다"라고 하는 사람도 일부 있다. 다른 말로 '깔보다'라고 할 수 있다.

처음 '알로보다'를 듣고 유래를 착각했는데, '알'을 'Egg'라고 이해한 것이다. 물고기나 새가 낳는 동그란 모양의 그것이다. 보통 '알'이란 것이 작으니, 곡식의 낱'알'과 같은 뉘앙스로 생각했다. '알로보다'는 '작은 것으로 보다', 따라서 '얕보다', '깔보다'와 통한다고 이해한 것이다. 이러한 미성숙한 느낌이 사투리 '알로보다'와 통한다고 착각했던 것 같다.

'알로보다'의 '알', 더 정확히 말해서 '알로'는 'Egg'와 상관

없다. '알로보다'의 '알로'는 '아래로'가 축약된 형태다. '아래'라는 말에는 공간적으로 낮은 위치를 가리키는 뜻과 함께 신분, 연령, 지위 같은 것이 상대적으로 낮은 폭을 가리킨다. 이때 '아랫사람'이라는 말이 있다. 즉 누군가를 '아래로 보다'라고 하면 별거 아니게, 경시하는 것을 의미한다. '얕보다', '깔보다'를 영어로는 'Look Down(내려 보다)'이라고 한다. 일본어에는 '위로부터의 시선'이라는 표현이 있는데, 이 표현도 '알로보다'와 유사한 의미를 지닌다.

'얕보다', '깔보다'는 다양한 사투리가 존재하는 말이기도 하다. 그래도 개인적으로 '알로보다'가 가장 직관적으로 '얕보다'라는 의미를 표현하는 사투리인 것 같다.

어제아래

단어 활용

"어제아래 니 뭐 했노?"

단어 정의

이틀 전이나 며칠 전 등의 과거를
가리키는 정감 있는 시간 표현.
'엊그제'보다 감성이 스민 부산의 과거 시제.

지난날을 셀 때 '어제', '아래', 또는 '어제아래'라고 표현할 수 있다. '아래', '어제아래'의 의미는 '그제' 또는 '엊그저께'라는 경상도 사투리다.

'오늘'을 기준으로 다가올 미래의 날이 '내일'이고 '모레'라고 한다면, 과거는 '어제', '그제', '어제아래'가 된다. '그제'는 '그저께'를 줄인 표현이다. 어제의 전날, 즉 '이틀 전'을 '그제'로 부른다. '어제아래'에서 '아래'는 '그제'의 사투리고, '엊그제'는 '엊(어제)'과 '그제(그저께)'이므로 '이삼일 전' 또는 '며칠 전'이라고 부른다.

'어제아래'는 며칠 전을 말하는 것이다. 경북에서는 '어제아래'가 '엊그제'를 가리키지만, 부산에서는 '그제'를 포함한 이후의 멀지 않은 과거를 통틀어 일컫는다. 또는 '아래'만 말하기도 한다.

'어제아래'를 경북에서는 '아래아래'라고도 하며, 표준어로는 '엊그제'를 많이 사용한다. '아래께'는 충청북도에서 주로 사용하는 것 같고, '아래께'는 '접때'의 사투리다. '접때'는 '저'와 '때'가 결합하고 'ㅂ'이 추가되어 만들어졌다고 볼 수 있다. '접때'는 오래 지나지 않은 과거의 어느 때를 말하기 때문에 '아래께', '어제아래'와 유사하다. '그제'의 의미인 '아래', '아래께'도 될 수 있다.

'어제아래'는 한 발 떨어져서 봐야 '이것이 부산 사투리구나' 하고 알 수 있는 매력적인 말이다. '엊그제'라고 부르면 무미건조한 느낌이 드는데, '어제아래'라고 바꿔 부르면 감성이 느껴진다. 학창 시절 일기장에 '어제아래 별 헤던 날'이라고 적으면 문학 소년, 문학소녀가 된 느낌이 들 것 같다. 사투리는 사람의 마음을 매료시키는 효과가 탁월하다. 사투리는 따뜻함이 느껴지는 말이다.

우리하다

단어 활용
"허리가 우리하게 아프다 아이가."

단어 정의
뻐근하고 무지근하게 아픈 상태를 표현하는 말.
신체의 둔통에서 마음의 불편함까지
감싸는 부산 사람의 감각어.

네 글자 사투리   우리하다

보통 "우리~~~하다"라는 식으로 '우리'를 길게 늘여 말한다. '우리하다'는 대체 불가능한 부산 사투리 중 세 손가락 안에 드는 것 같다.

'우리하다'를 검색하면 '신체 일부가 몹시 아리고 욱신욱신한 느낌이 있다'라고 나온다. 몇몇 부산 토박이에게 물어보니 와닿지 않는 것 같았다. 우선 '아리다'는 표준국어대사전에서 '상처나 살갗 따위가 찌르는 듯이 아프다'라고 정의한다. '욱신욱신'은 보통 '쑤시다'와 함께 사용하며, 쑤시는 느낌을 표현한다.

'우리하다'는 사전에서 풀이된 것보다 둔한 아픔을 나타내는 사투리다. 뾰족하거나 날카로운 것에 찔리거나 베였을 때의 느낌이 아니라 뭉툭한 물건에 맞았을 때의 느낌이다. 통증을 나타내는 말 중에 '둔통'이라는 말이 있다. 표준국어대사전에서 '둔하고 무지근하게 느끼는 아픔'이라 정의한다. '둔통'의 아픔이 '우리하다'와 가장 유사한 것 같다. 다만 "우리~~~하게 아프다"를 "둔통이 있네"라고 이야기하면 느낌이 오지 않는다. 이것이 사투리의 묘미 같다.

'우리하게' 아픈 곳은 허리일 때가 많다. 병원에서 자주 사용하는 단어다. 허리를 비롯하여 관절, 근육 등이 '우리하게' 아픈 경우가 많다. 이때 표준어로 바꾸면 '뻐근하다'

정도가 된다. 예방 접종하고 나서 팔이 아플 때도 '우리하다'고 하는 경우가 종종 있는데, 이때도 뻐근한 느낌을 나타낸다고 할 수 있다. 이 밖에도 배가 아프거나 이빨이 아플 때도 '우리하다'가 사용된다. 비교적 넓은 면적에서 둔한 아픔을 동반하며, 신체 어딘가가 평소와 다르게 불편하면 사용하는 사투리가 '우리하다'라고 할 수 있다.

'우리하다'는 기분을 나타내기도 한다. 이별해서 마음이 아플 때도 "마음이 우리하다"처럼 사용한다. 이 또한 마음, 기분이 어딘가 불편하고 좋지 않음을 표현하는 것이기 때문에 신체의 아픔을 표현할 때 사용하는 것과 일맥상통하는 부분이 있다. 우리 모두 '우리~~~하게' 아픈 곳 없이 지내길 바란다.

짜달시리

단어 활용

"짜달시리 투덜거리지 마라. 너 혼자 다 했나!"

단어 정의

마음에 들지 않거나 못마땅할 때 쓰는
불평 섞인 표현으로, 뒤에 부정적인 말투가 주로 등장.

요즘 사투리 이모티콘을 많이 사용하는 것 같다. 부산, 경남 사투리 이모티콘도 매우 많다. 그중 이모티콘 이름에 '짜달시리'가 붙은 것이 있다.

'짜달시리'는 표준어로 '별로', '그다지', '딱히'라는 뜻이며, 부정문이 뒤에 따라온다. 예를 들어 "여기 너무 비싼데?"라는 말에 "짜달시리 비싸지도 않은데 그냥 들어가자"처럼 쓰인다.

'짜달시리'의 어원을 찾아보니 '짜다라'에서 왔다고 볼 수 있다. '짜더라', '짜다리'라고도 부르는 것 같다. 그래서 '그다지'의 사투리 '짜다라'와 '어떠한 성질이나 느낌이 있는 상태'를 의미하는 부사 어휘 '-스레'가 합쳐진 말로 볼 수 있다.

다시 말해 이 두 단어를 합쳐 이야기하면 '짜달스레'가 된다. 어떠한 성질을 나타내는 부사 어휘 '-스레'의 사투리가 '-시리'다. 그래서 '짜달스레'에서 '짜달시리'가 되었다. 이러한 '-시리'가 붙은 말은 표준어라고 생각하는데, 대표적으로 '괜시리'가 있다. 원래대로 한다면 '괜스레'가 맞는 말이다. 이처럼 '짜다라'의 의미에 부사 어휘를 덧붙여 만들어진 사투리가 '짜달시리'다.

'짜달시리'의 형태는 아니지만 '짜다라'라는 제목이 사용되는 곡이 있다. 나훈아의 <짜다라 잘난 것도 없는 님이시여>로, 가사가 재미있다. '짜달시리'는 주로 누군가를 흉볼 때 사용한다. 누군가 생색은 다 내는데 불만족스러운 경우에 주로 이야기한다. 예를 들어 "짜달시리 해 준 것도 없으면서"처럼 볼멘소리하거나 불만을 토로할 때 쓴다.

  다만 이것을 표준어로 바꿔 이야기하면 어깨를 살짝 올리면서 "별로 해 준 것도 없으면서"가 된다. 부산 사투리만이 살릴 수 있는 묘한 끈적함과 감칠맛이 느껴지지 않는다. 험담할 때가 아니더라도 무엇인가 불만 사항을 이야기할 때 '짜달시리'와 같은 표현이 많이 가미되면 더욱 현장감 넘치는 대화가 되는 것 같다.

찹찹하다

단어 활용

"방바닥이 찹찹하니 보일러 좀 올리라."

단어 정의

차가우면서도 습기 어린 공기나 덜 마른 빨래, 냉감패드의 살 맞닿는 느낌 등 피부로 스며드는 서늘함을 표현한 부산식 촉감 언어.

'찹찹하다'라는 사투리를 들은 외지인은 '착잡하다'와 헷갈릴 것 같다. '찹찹하다'가 실제 사용되는 상황을 생각하면 전혀 다른 뜻이다.

 '찹찹하다'는 '서늘하다', '꽤 찬 느낌이 있다'라는 뜻을 지닌 사투리다. 온도를 나타내는 사투리로, 몇 가지 특징이 있다. 우선 습도가 약간 높지만, 낮은 온도의 경우 사용하는 경우가 많다. 즉 한겨울에 건조하고 칼바람이 부는 그런 느낌이 아니라, 축축한 느낌의 공기가 주는 서늘함을 나타낼 때 '찹찹하다'를 쓴다. 빨래가 약간 덜 말랐을 때도 '찹찹하다'라는 말을 쓰는데, 같은 맥락인 것 같다.

 '찹찹하다'의 경우 촉각을 통해 느끼는 낮은 온도일 때 많이 사용한다. "방바닥이 찹찹하니 보일러 온도 좀 올리라"처럼 쓸 수 있다. 여름에 사용하는 특수 소재의 천으로, 일명 '냉감패드' 같은 것이 살에 맞닿았을 때의 서늘함, 시원함에도 '찹찹하다'를 쓴다. 단순히 공기가 찰 때보다 피부로 느껴지는 서늘함, 차가움이라고 할 수 있다.

 '찹찹하다'는 '찹다'가 중복된 형태다. '찹다' 역시 사투리다. '차다'에 'ㅂ'이 추가된 형태로 이와 같은 변형은 부산 사투리에서 쉽게 찾아볼 수 있다. '짭다', '쏩다'도 마찬가지로 표준어 형용사에 'ㅂ'이 붙어서 사투리가 된 것이다. 따라서 '찹찹하다'는 '찹다'에 '찹다'가 붙은 형태인데, 그렇다고 차가움이 강조된 것은 아니다. '차다'가 반복되어 고유한 뉘앙스를 가진다.

재밌는 것은 표준어에도 '찹찹하다'라는 단어가 있는데, 뜻이 전혀 다르다. 표준어 '찹찹하다'는 '차곡차곡 가라앉아 가지런하다'라는 의미다. 예를 들어 '엄마는 김을 찹찹하게 재어 놓고 시장에 가셨다'처럼 쓰인다. 그런데 이러한 의미로 '찹찹하다'를 사용하는 경우는 드물어서, 사투리 '찹찹하다'가 부산 한정이기는 하지만 더 친근한 말인 것 같다.

포장센터

단어 활용

"포장센터에서 회 사 왔다."

단어 정의

'포장마차'가 아닌, 해산물을 사서 바로 먹는 부산의 명소.
'센터'라 불릴 만큼 활기찬 삶과 정이 오가는
부산 해양 문화의 상징.

쓰잘데기 있는 사전

주로 이삿짐센터의 '포장이사' 또는 '포장마차' 중 하나를 떠올릴 것 같다. 느낌은 표준어 '포장마차'와 가장 비슷하지만, 부산에서는 '포장센터'라는 표현이 널리 쓰인다.

'포장센터'는 표준어 '포장마차'에서 유래한 단어로 보이지만, 부산 지역에서는 '센터'라는 단어를 붙여 해산물 판매점과 식당이 결합한 형태의 공간을 가리킨다. 일반적으로 '-센터'라는 표현은 여러 상점이 모인 곳을 의미해서, 자연스럽게 해산물을 모아 파는 공간으로 확장된 것으로 보인다. '포장'이라는 단어가 들어가 있어 타지 사람은 단순히 음식을 포장하는 장소로 오해할 수 있지만, 실제 의미는 구매 후 바로 먹을 수 있는 공간을 뜻한다.

특히 부산에서는 '포장클럽'이라는 표현도 종종 사용되는데, 이는 '포장센터'와 유사한 개념으로, 해산물을 먹고 즐기는 장소를 가리키는 말이다. 흥미로운 점은 '포장클럽'이라는 표현이 외지인들에게는 표준어처럼 들릴 수 있지만, 부산에서만 쓰이는 지역적 표현이다.

서울에서는 '수산시장'이나 '회센터'라는 표현이 일반적으로 사용되며, 대표적인 사례로 '노량진수산물도매시장'이 있다. 부산을 배경으로 한 영화에서도 포장센터 문화를 엿볼 수 있다. 영화 <친구>, <해운대>에서 등장인물들이 해산물을 먹으며 대화를 나누는 장면 속에 포장센터의 활기찬 분위기가 사실적으로 묘사되어 있다.

포장센터는 신선한 해산물을 합리적인 가격에 제공한다는 점에서 가성비가 좋다는 호평을 받는다. 또 부산 특유의 활기찬 분위기를 느낄 수 있어 관광객들에게도 인기가 많다. 일부 다른 지역 방문자들은 포장센터의 독특한 주문 방식과 불편한 좌석 시스템 때문에 혼란을 겪기도 한다. 하지만 부산 사람들에게는 지역 정체성을 강하게 느낄 수 있는 공간이며, 관광객들도 부산 특유의 활기찬 문화를 경험할 수 있는 귀한 장소로 평가되기도 한다.

'포장센터'라는 표현은 단순한 해산물 시장을 넘어, 부산의 정체성과 언어적 특색을 담는 문화적 자산이다.

하고재비

단어 활용

"쟤는 맨날 하고재비처럼 바쁘다 바빠."

단어 정의

뭐든 해 보고 싶어 안달 난 성격.
취미도 많고 일도 잘 벌이는 사람을 표현하는 사투리.

'하고재비'는 무슨 일이든지 안 하고는 못 배기는 사람을 가리키는 사투리로, 사람의 기질을 표현한다. 벌여 놓은 일이 많고 하고 싶은 일도 많고 뭐든 적극적으로 하려는 사람에 대하여 "누구누구는 워낙 하고재비라서"처럼 사용한다.

  '애살'이라는 사투리도 있는데, '하고재비'와 친구 사투리라고 할 수 있다. '애살'은 '무엇을 잘하고자 하는 적극적인 마음이나 욕심'을 뜻한다. '애살'과 '하고재비' 모두 적극적인 행동, 태도, 마음을 나타낸다. '하고재비'의 경우 더 적극적인 행동, 태도, 마음의 대상이 되는 것이 많다. '취미 부자' 같은 느낌이다. '애살'과 '하고재비'는 쓰이는 형식에도 차이가 있다. '애살'은 '있다', '없다'가 붙고, '하고재비'는 '하고재비다' 또는 뒤에 '아니다'를 붙인다.

  '하고재비'의 유래는 크게 두 가지로 추측할 수 있다. 우선 '하려고 덤비다'에서 유래했다는 것이다. 그리고 '하고'와 '재비'가 합쳐졌다는 것인데, 이것이 유력해 보인다. '하고'는 '하고 싶다'의 '하고'이고, '재비'는 '잡이'의 발음이 변형된 것이다. '-잡이'는 '무엇을 다루는 사람'을 뜻하는 접미사다. '양손잡이', '총잡이', '칼잡이'와 같은 말이 있다. '하고재비'는 '하고 싶음을 가진, 다루는 사람'이 된다. '뭐든

하고 싶은 사람'이라 '하고재비'라고 설명할 수 있다.

 '하고재비'는 부정적인 뉘앙스와 긍정적인 뉘앙스 모두 가진 사두디다. 능력이나 터진에 빛지 잃는네 이깃저깃 다 하려고 하는 사람에게 비아냥거릴 때도 '하고재비'를 쓸 수 있다. 그러나 대체로 '하고재비'는 긍정적인 뉘앙스를 가진다.

 '하고재비'의 긍정적인 뉘앙스를 살려 정책, 사업명 등에 사용하는 모습을 종종 볼 수 있다. 국내 굴지의 대기업 회장이 임직원을 대상으로 회사의 비전, 방향을 이야기하는 자리에서 '하고재비'가 되어 달라고 한 적이 있다. 지역 청년과 임직원의 열정을 끌어내는 데 '하고재비'만큼 적절한 말이 없는 것 같다.

쓰잘데기 있는 사전

다섯 글자 이상 사투리

길어도 찰지다! 말장난 같지만
딱 맞는 부산표 긴말 사투리.

재치와 풍자, 구수함이 한 문장 안에 철퍼덕.
웃기지만 정겹고, 어이없지만 정직하다.

엉성시럽다

단어 활용

"이놈의 집구석 엉성시러버 몬 살겠다 아이가."

단어 정의

짜증나고 지긋지긋해서 진이 빠질 때,
푸념처럼 튀어나오는 말. 감정의 밑바닥에서
올라오는 부산식 진저리 표현.

쓰잘데기 있는 사전

처음 이 단어를 들었을 때, '엉성하다'의 사투리인 줄 알았다. '엉성하다'는 '꼼꼼하지 않고 빈틈이 있는' 또는 '내용이나 형태가 부실한' 그런 모양새를 나타내는 형용사다. 이 '엉성하다'의 '-하다' 대신에 '그러한 성질이나 느낌이 있다'를 표현하는 '-스럽다'가 붙어 '엉성스럽다', 거기에서 발음이 조금 바뀌어 '엉성시럽다'가 되었다고 추측했다.

하지만 '엉성시럽다'는 '엉성하다'와는 다른 맥락에서 쓰인다. '엉성스럽다'를 조사해 보니, '매우 엉성하거나 엉성한 데가 있다'라는 뜻이다. '엉성하다'와 거의 동일하게 사용한다. 표준어로 굳이 바꾸면 '징글맞다', '징글징글하다', '징그럽다' 정도가 될 것 같다. "또 비가? 아이고 장마 정말 엉성시러브라"라는 식이다. 주로 어미를 바꿔서 쓰는 경우가 많은 것 같다.

'엉성시럽다'는 '징글맞다', '징글징글하다', '징그럽다'와 미묘하게 다른 뉘앙스를 가진다. '엉성시럽다'는 겉모습, 그러니까 보았을 때 어떠한 불쾌감을 자아내는 끔찍함, 흉함에는 사용하지 않는다. 이 부분이 표준어 '징그럽다'와는 다른 점이다. '엉성시럽다'는 어디까지나 감정을 나타내는 말이다. 모양이나 행동에 대한 느낌을 표현하는 사투리다.

'엉성시럽다'는 '지긋지긋하다'나 '넌덜머리가 나다'의 의미에 가깝다. "제발 말 좀 들어라. 아유, 엉성시러브라", "이눔의 집구석 엉성시러버 몬 살겠다"처럼 쓸 수 있다.

'엉성시럽다'의 유래는 알기 어렵다. 일설에 따르면 '엉겅퀴'와 관련이 있지만, 확실하지 않다. '엉겅퀴' 잎에 있는 가시가 귀찮고 지긋지긋해서 '엉성시럽다'라는 것인데, 어디까지나 속설이다.

'엉성시럽다'는 여름을 표현하기 좋은 사투리라는 생각이 든다. 지구온난화로 인해 여름은 갈수록 '엉성시럽게' 덥다. 아무쪼록 '엉성스러운' 미래가 오지 않도록 대비해야 할 것 같다.

우왁시럽다

단어 활용

"말을 왜 이리 우왁시럽게 하노!"

단어 정의

거칠고 투박한 성격이나 말투를 나타내는 말.
억세지만 솔직한 부산의 기질을 보여 주는 표현.

표준어 '우악스럽다'는 한자어다. '어리석을 우(愚)'에 '악할 악(惡)', 그리고 '-스럽다'라는 접미사가 붙어서 만들어졌다. 이러한 형태가 '우왁시럽다'라고 발음된 것이다. '우왁시럽다'는 '무식하고 모지며 거친 데가 있다'라는 의미다. 단순히 시끄럽고 소란스러운 상태를 넘어서, 행동이나 태도가 거칠고, 정제되어 있지 않은 것을 표현한다.

'우왁시럽다'는 다른 의미로도 사용한다. '시끄럽다', '소란스럽다', '정신이 없다'라는 의미다. 상황이나 장소가 매우 시끄럽고 혼란스러워 정신을 차리기 힘들 때 사용하는 표현으로, 주로 시장이나 할머니 댁에서 많은 친척이 모여 시끌벅적할 때 듣는다.

사투리 '우왁시럽다'의 어원은 또 하나의 설이 있다. 놀라거나 갑작스러운 상황에 대한 반응을 나타내는 감탄사 '우-'에, 소란스러움이나 시끄러움을 표현하는 '왁시글'에 '-스럽다'라는 접미사가 합쳐져서 만들어졌다는 설이다. 또한, '왁자지껄하다'는 소란스럽고 시끄러운 상태를 나타내는 표준어로, 경상도의 억양이 더해져 '왁시글왁시글스럽다'가 되고 '우왁시럽다'로 변했다고 유추할 수 있다. 경상도 사람 특유의 힘 있고 빠른 억양이 단순히 시끄럽고 소란스럽다는 의미를 넘어서 투박하고 거칠다는 의미를 첨가했다고 볼 수 있을 것 같다.

　최훈 작가의 <GM 드래프트의 날>이라는 야구 웹툰에 나온 대사가 있다. "서노 신네빌스는 싫어요. 너부 우왁스럽게 마구 밀어붙이잖아요." 대사만 봐도 특정 팀이 거칠고 투박하게 경기한다는 것을 알 수 있다. 또한 말하는 이가 경상도 사람인 걸 유추할 수 있다. 사투리로 많은 것을 알 수 있다는 게 재밌는데, 실제 일본에서 사투리로 범인을 검거한 사건이 있다. 1970년대 경찰 수사에 방언학자가 동원되어 범인이 협박하는 목소리를 듣고 검거한 일이다.

　'우왁시럽다'는 거칠고 투박하다는 의미가 있지만, '험상궂다'라는 말로 대체하기에는 아쉽다. 억울한 일이 생길 때 강력한 어필이 필요하면 '우왁시러운' 사투리를 활용해 보길 바란다.

천지삐까리

단어 활용

"이 동네 먹을 데가 천지삐까리네."

단어 정의

많고 다양하다는 의미를 내포하는 말.
풍요로움을 직관적으로 묘사하는 부산의 표현.

쓰잘데기 있는 사전

드라마 <응답하라> 시리즈의 대사에 나오고, 한 인터넷 쇼핑몰 광고에도 쓰인 사투리다. 커플이 헤어지는데, 여성이 남성에게 빌려 준 신물을 사져가라고 하니까 남성이 필요 없다며 그런 것 여기, 즉 인터넷 쇼핑몰에 '천지삐까리'라고 한다.

 '아주 다양하고 많다'라는 의미로 '천지삐까리'를 쓴다. '천지삐까리'는 이처럼 너무 많아서 그 수를 다 헤아릴 수 없을 때 사용한다. 동물, 식물, 무생물 등을 대상으로 사용할 수 있다. "시장에 사람이 천지삐까리네", "공기 좋은 데 오니 밤하늘에 별이 천지삐까리다"라는 식이다.

 '천지삐까리'는 '천지'와 '삐까리'가 합쳐진 말이다. '천지(天地)'는 하늘과 땅, 즉 '온 세상'이라는 뜻이다. '삐까리'는 '볏가리'의 사투리다. '볏가리'는 벼를 베어서 가려 놓거나 볏단을 쌓은 더미를 말하는데, 이것의 발음이 세진 것이 '삐까리'다. 추수할 때 벼를 베어 볏가리로 만들어 쌓아 두면 양이 상당한데, 그러한 상태에서 유래했다고 본다.

 '천지삐까리'는 다른 유래의 가능성도 있다. 일본어 '바카리(ばかり)'다. '바카리'는 '정도', '쯤'이라는 뜻으로 '천지'와 붙으면 '온 세상 정도'라는 의미가 돼서 아주 많음을 표현한다.

'천지삐까리'의 비슷한 말로 '쌔뻤다'가 있다. '쌔뻤다'는 '쌔'와 '뻤다'가 합쳐진 말로 여기서 '쌔'는 표준어 '쌓이다'가 축약된 말이고 '뻤다'는 여러 가지 물건을 늘어놓을 때 쓰는 '벌이다'라는 말이 변화한 것이다. 여러 물건이 쌓여 있다는 뜻인데, 이러한 뜻을 바탕으로 아주 많음을 나타낸다. 이 책은 최종본에도 오타가 '쌔뻤다'라는 식이다.

'천지삐까리'는 발음이 강렬해서 언뜻 비속어처럼 들리기도 한다. '쌔뻤다'도 마찬가지다. 된소리가 연속해서 들어가고 억양의 높낮이도 있어서 그런 것 같다. 부산 사투리의 특징 중 하나인, 오버함으로써 상대방에게 강렬하게 전달하고자 하는 특징을 보여 준다. 듣는 사람도 말하는 사람도 어느 정도 과장임을 알지만, 이를 통해 상황을 재미나게, 그리고 맛깔나게 전달한다.

바보축구온달

단어 활용

"야 바보축구온달 맹키로 그라믄 우짤 낀데?"

단어 정의

표준어 세 개가 뭉쳐 탄생한 놀림 말.
친근하면서도 웃긴 방식으로 바보스러움을
표현하는 부산 사투리.

부산 사람이라면 '바보축구온달'이라는 말, 어렸을 때 친구 사이에서 사용한 기억이 있을 것 같다. 외지인인 나는 이 말을 처음 들었을 때 웃기면서 황당한 느낌이었다. '바보'랑 '온달'은 이해해도 '축구'는 뜬금없다는 생각이 들었다.

'바보축구온달'은 '일반적인 기준에 미치지 못하고 모자란 사람'을 일컬으며 '바보'와 뜻이 같다. 친구를 놀리거나 어떤 행동이 멍청하다고 느껴질 때 '바보축구온달'을 사용한다. "바보축구온달 맹키로 그렇게 하지 마라!"라는 식이다.

'바보'랑 '온달'을 붙여서 사용하는 것은 자연스럽게 느껴진다. 어색한 건 '축구'다. '축구'의 유래에 대해서는 몇 가지 설명이 가능하다. 우선 '가축 축(畜)' 자에 '개 구(狗)' 자를 붙인 말에서 유래했다는 거다. 이런 뜻의 '축구'는 사람답지 못한 행동을 하는 사람을 비하할 때 사용하는 경우가 많고 기본적으로 표준어다. 짐승에 빗댐으로써 사람의 일반적인 기준에 모자람을 나타내는 것이 아닐까 한다.

다른 유래도 있다. '축'은 '축나다'라는 단어도 있듯이, 일정한 수나 양이 모자라다는 뜻이다. '구'는 사람을 뜻하는 접미사 중 하나다. '덜렁구' 같은 단어가 그 예다. '축'과 '구'

가 합쳐져서 '모자란 사람'을 뜻하는 '축구'가 된 것이라는 설명이다.

'바보', '축구', '온달'이 합쳐진 '바보축구온달'은 어떻게 보면 '바보', '바보', '바보'가 붙은 것이다. 같은 말이 반복되는 형태다. 실제 사용될 때 마지막의 '온달'은 생략하고 쓰는 경우도 제법 있다. "야 이 바보축구야!"처럼 쓴다.

재밌는 것은 '바보', '축구', '온달'이라는 세 단어 모두 표준어다. 그런데 합치면 사투리가 된다. 표준어가 변형돼서 사투리가 되거나, 옛말이 남아서 사투리가 되기도 하는데 표준어가 합쳐져서 사투리가 되기도 한다. 사투리가 만들어지는 또 다른 방법이라고 할 수 있다.

세상 모든 것에 감탄하는
지혜로운 사람들의 공간
호밀밭

쓰잘데기 있는 사전
ⓒ 2025, 양민호 최민경

초판 1쇄	2025년 07월 14일
2쇄	2025년 07월 21일
지은이	양민호, 최민경
펴낸이	장현정
책임편집	김경은
디자인	김희연
마케팅	최문섭, 김명서
경영지원	김태희
종이	세종페이퍼
인쇄제작	영신사
펴낸곳	호밀밭
등록	2008년 11월 12일(제338-2008-6호)
주소	부산광역시 수영구 연수로 357번길 17-8
전화	051-751-8001
팩스	0505-510-4675
홈페이지	homilbooks.com
전자우편	homilbooks@naver.com
ISBN	979-11-6826-222-5 (03700)

※ 이 책 내용의 전부 또는 일부를 재사용하려면 반드시 저작권자와 출판사의 동의를 받아야 합니다.
※ 가격은 뒤표지에 표시되어 있습니다.